Por qué estudiar Historia del Arte

Descubre por qué estudiar Historia del Arte, cómo superar la carrera con éxito y cuáles son las salidas profesionales

© **Croma Comisarios Culturales. 2016**
Diseño de cubierta:
Christian Albelo García

Maquetación y diseño:
Tabaibamedia® Diseño y Comunicación Visual

Editado por:
Croma Comisarios Culturales

Copyright imagen de portada:
El Beso, Gustav Klimt. Dominio Público.

www.cromacultura.com

ISBN-13: 978-1537130712:
ISBN-10: 1537130714

AUTORES

Ana Vidal
Francisco Alvarado
Inés Cabello
Javier Albelo
Juan Carlos Padrón
Luis M. García
Natalia G. Barriuso
Nerea V. Pérez

ÍNDICE

DESPUÉS

Seguir formándose:

Introducirse en el mundo laboral:

PRÓLOGO

Por qué estudiar Historia del Arte es un libro que pretende resolver todas aquellas dudas que todo estudiante tiene antes, durante y después de hacer esta carrera universitaria. Se trata del fruto de una investigación que hemos tardado un año en plasmar por escrito y que se basa en nuestra experiencia como estudiantes y profesionales de la cultura. Por ello, es un honor compartir contigo nuestras vivencias para que puedas actuar con conocimiento de causa cuando tengas que tomar decisiones sobre, por ejemplo:

- Si estudiar Historia del Arte o no.
- Qué aptitudes y actitudes son las adecuadas.
- Cuáles son las salidas laborales de esta profesión.
- Cómo será tu vida durante el periodo universitario.
- Con qué becas podrás contar.
- Cómo seguir formándote cuando termines la carrera.
- Cómo presentarte a unas oposiciones.
- Cómo encontrar trabajo en tu país o en el extranjero.
- Cómo crear tu propio puesto de trabajo.

A lo largo de veintisiete apartados iremos desvelando todas estas cuestiones y te iremos dando muchos consejos y claves prácticas para que de verdad puedas lograr tus objetivos: ser historiador del arte y trabajar como tal.

¿PARA QUIÉN ES ESTE LIBRO?

Aunque este libro está concebido para orientar a personas vinculadas a la historia del arte, seguro que es de gran utilidad para aquellos que están estudiando cualquier carrera de humanidades, ya que los principios generales son esencialmente los mismos. Así, si estás pensando estudiar, por ejemplo, la carrera de Historia, Filosofía o alguna de las filologías, seguro que este libro será de gran interés para ti.

Si actualmente estás ya inmerso en el proceso de estudio y estás completando la carrera, este libro también es para ti. Si ya has terminado la carrera pero estás indeciso sobre cuáles son los siguientes pasos a seguir, este libro te va aportar conocimientos y experiencias que te permitirán tomar las mejores decisiones para encontrar un trabajo o seguir formándote. Todo ello con un único objetivo: que puedas construir una carrera sólida y de futuro en el sector cultural.

¿QUIÉNES SOMOS?

CROMA Cultura es una organización sin ánimo de lucro que desde el año 2012 se dedica a la difusión de la cultura y, en especial, a cuestiones relacionadas con los museos y el patrimonio cultural y natural. Somos antiguos compañeros del Máster en Estudios Avanzados de Museos y de Patrimonio Histórico-Artístico de la Universidad Complutense de Madrid y desde 2011 retomamos el contacto para realizar este proyecto común.

CROMA Cultura se compone de un grupo de profesionales e investigadores, especialistas en museología, gestión y difusión del patrimonio y turismo cultural.

Nuestros objetivos son:

- Promover y dar mayor visibilidad a la creación plástica actual.
- Difundir el conocimiento y poner en valor la cultura.
- Mejorar el acceso a museos, monumentos y otros sitios de interés patrimonial, siendo el fin último la accesibilidad universal a la educación y la cultura.
- Fomentar el respeto al medio ambiente y el desarrollo sostenible.
- Incentivar el empleo de calidad dentro del sector cultural,

estimulando la participación del sector público y privado en proyectos culturales.

- Impulsar proyectos de investigación relacionados con la museología, la historia, la historia del arte, la arqueología, el patrimonio y las humanidades en general, para que la creatividad se materialice en innovación, con lo que se favorece la experimentación y la cultura emprendedora.
- Mejorar los vínculos entre las comunidades autónomas, fomentar las relaciones internacionales y difundir el patrimonio y la cultura española para potenciar el turismo cultural de calidad como modelo de desarrollo económico.
- Fomentar el debate, la reflexión y el espíritu crítico para promover el intercambio y enriquecimiento científico y cultural, a través de una participación real, directa y dinámica propia de la sociedad del conocimiento.

Para el cumplimiento de estos objetivos, llevamos a cabo acciones formativas, organizamos exposiciones, publicamos libros, desarrollamos eventos y fomentamos el turismo cultural. Puedes encontrarnos en www.cromacultura.com, en las redes sociales y presencialmente en Andalucía, Canarias, Castilla y León, Cataluña y Madrid.

ANTES

1. RAZONES PARA ESTUDIAR HISTORIA DEL ARTE

A continuación analizamos la historia del arte desde diferentes perspectivas para saber por qué sí o por qué no debemos estudiarla.

LA HISTORIA DEL ARTE COMO DISCIPLINA CIENTÍFICA

La mayoría de las personas considera que la historia del arte es una disciplina que consiste en memorizar una serie de contextos históricos, técnicas artísticas, obras de arte, biografías de artistas y fundamentos para la investigación histórica. De hecho, si leemos la entrada «historia del arte» en la prestigiosa Enciclopedia Británica encontramos que se define como: «El estudio histórico de las artes visuales. Se ocupa de la identificación, clasificación, descripción, evaluación, interpretación y entendimiento de los productos artísticos y el desarrollo histórico de los campos de la pintura, escultura, arquitectura, artes decorativas, dibujo, grabados, fotografía, diseño de interiores, etc.».

Desde luego, es imposible entender la historia del arte sin conocer, por ejemplo, el contexto histórico en el que se creó el Apoxiomeno de Lisipo o la catedral gótica de Notre Dame de París. También es esencial conocer las técnicas artísticas utilizadas para crear las expresivas esculturas de Gian Lorenzo Bernini en el Barroco, las exquisitas tablas flamencas realizadas por El Bosco o los famosos drippings del pintor expresionista abstracto Jackson Pollock. Lo mismo sucede con la lectura de las biografías de Vincent van Gogh, Eugène Delacroix y Andy Warhol; o las influyentes obras de los teóricos Aby Warburg, Arnold Hauser, Ernst Gombrich o Erwin Panofsky para la construcción de la moderna disciplina de la historia del arte.

Por otra parte, tampoco se entiende la historia del arte sin la inclusión de otras materias complementarias como la estética, la iconografía o la museología (aspecto este último que ya tratamos en el anterior libro Ese extraño lugar llamado museo. Guía breve para sacar el máximo partido a tus visitas al museo en el que abordamos la cuestión sobre cómo visitar un museo de una forma amena, entretenida y práctica).

No obstante, si de verdad estás considerando la posibilidad de estudiar Historia del Arte, ya sea acogiéndote a un programa de formación de enseñanzas no regladas o estudiando en la universidad, debes saber que no se trata de una disciplina que pretende exclusivamente la formación de técnicos. Es cierto que, como he mencionado anteriormente, es preciso adquirir una serie de conocimientos técnicos que posteriormente serán utilizados para desarrollar la profesión —bien a través de la clasificación de obras de arte atendiendo a su datación, lugar de origen, estilo artístico, materiales, etc., o bien mediante el análisis de las obras de arte siguiendo los parámetros que establece la iconología—, pero existe también una vertiente humanista que es preciso considerar.

LA HISTORIA DEL ARTE COMO RAMA DE LAS HUMANIDADES

Desde mi punto de vista, esta vertiente humanista es el componente más importante a tener en cuenta para decidir si dedicarnos al estudio de la historia del arte o no, ya que el arte forma parte de las actividades humanas. De hecho, seguramente constituya la actividad humana más elevada, es decir, aquella que nos diferencia del resto de seres que habitan el planeta. Desde esta perspectiva, ¿tiene sentido estudiar la máxima expresión de la humanidad? Por supuesto que sí.

1. Te aportará cultura general: Estudiar la historia del arte te permite conocer la historia de las más importantes manifestaciones artísticas de cada momento. Entenderás cómo ha expresado la humanidad sus anhelos y cómo ha materializado los más complejos y abstractos conceptos.

2. Aprenderás a observar: Vivimos en una sociedad que no sabe observar y que apenas repara en los detalles porque la realidad sucede ante nuestros ojos a una velocidad frenética. La historia del arte te ayudará a observar la realidad desde otra perspectiva, sabiendo cómo interpretar la simbología codificada en las ciudades, en sus tramas urbanas, en sus esculturas, en sus pinturas y en su arquitectura.

3. Conocerás el origen: La historia del arte, como estudio de las imágenes y obras del pasado, nos permite especular sobre cuál podría ser nuestro origen. Desde las pinturas rupestres prehistóricas de Lascaux o Altamira y sus bellas representaciones de bisontes hasta el arte de Mesopotamia y Egipto con sus zigurats y sus pirámides, tenemos suficiente material para sentirnos abrumados por los enigmas que encierran.

4. Será más fácil entender la historia: Si una imagen vale más que mil palabras, entonces estudiar Historia del Arte debería ser más efectivo que estudiar Historia sin más. Vivimos en una cultura visual, por lo que sería muy recomendable que en los colegios aprendieran la historia a través de sus imágenes y no tanto a través de sus textos. Si queremos ponerle cara a Napoleón Bonaparte o al emperador Carlos V tenemos recursos para hacerlo; si queremos estudiar el mapa geopolítico europeo durante el siglo XVII, por ejemplo, no tenemos más que recurrir a Velázquez y, si queremos entender el concepto de belleza durante el periodo del Renacimiento en Italia, observemos a Botticelli o a Rafael, por citar solo a unos pocos artistas.

5. Aprenderás a disfrutar de los museos y los monumentos: ¿Cuántas veces has ido a un museo y no has entendido nada? ¿Te es familiar esta situación? Todos hemos pasado por ello. Es una verdadera lástima que tantas personas visiten los museos sin entender cuál es el significado de las obras de arte que allí se encuentran. Si quieres cambiar la situación, ya sabes lo que debes hacer: estudiar la historia del arte.

Sin embargo, estudiar Historia del Arte no es para todo el mundo, como ninguna carrera universitaria lo es. No depende de que cumplas o no los requisitos que mencionamos en esta guía (*ver capítulos 2 y 3*), ya que, en realidad, todos ellos se pueden desarrollar si tienes la paciencia necesaria: si no tienes una pulsión incontrolable y una voz interna que te dice que estudies Historia del Arte mejor no lo hagas. Decimos esto porque, a tenor de los últimos datos disponibles en el Ministerio de Educación, Cultura y Deporte del Gobierno de España, la empleabilidad de los titulados en esta disciplina es inferior al 50 %.

EMPLEABILIDAD Y SALARIOS DE LOS LICENCIADOS Y GRADUADOS EN HISTORIA DEL ARTE

Ciertamente los datos arriba mencionados son muy duros, pero necesarios a la hora de tomar decisiones que afectan a tu futuro. Aunque tampoco deberían condicionarte demasiado, pero esto ya lo comentaremos más adelante. Primero analicemos los datos.

En España, un licenciado o graduado en historia del arte percibe una remuneración anual media de unos 20.000 €, más concretamente de 19.624,78 €. Si comparamos estos datos con el sueldo medio en este país (22.697 €), encontramos una diferencia de aproximadamente 3.000 €.

Sin embargo, en mi opinión, es más interesante desde el punto de vista estadístico analizar el sueldo que más se repite. Hay que tener en cuenta que en el cómputo global de sueldos las diferencias pueden ser abismales, de forma que se mezclan sueldos de 500.000 € al año de los altos ejecutivos de la banca con los bajos sueldos de las profesiones peor remuneradas. Por eso, considero que lo más conveniente es saber cuál es el sueldo más habitual en este país (seguramente también lo puedes averiguar en tu país si buscas en los diferentes ministerios de trabajo), que en este caso asciende a 15.500 € (datos de 2013; fuente: periódico El País).

Ahora bien, estos datos son incompletos si no sabemos cuál suele ser el ingreso más común entre los egresados en Historia del Arte. Basándonos de nuevo en los datos de la encuesta del Ministerio de Educación, Cultura y Deporte, observamos que el 37,1 % de los profesionales de esta disciplina se mueve en unos salarios de entre 12.000 y 18.000 € repartidos de la siguiente forma:

- de 6.000 a 12.000: 14,6 %
- de 12.000 a 18.000: 37,1 %
- de 18.000 a 24.000: 23 %
- de 24.000 a 30.000: 5,6 %
- de 30.000 a 36.000: 7,3 %
- Más de 36.000: 12,4 %

Aquí tienes la comprobación fehaciente de que la carrera de Historia del Arte no es, ni de lejos, la carrera con mayor empleabilidad (47 %) ni la que tiene los sueldos más altos, pero tampoco es de las peores. ¿Significa esto que debes descartar estudiar esta carrera? Eso depende de cuál sea tu actitud frente a la vida. Si eres una persona excesivamente cerebral y práctica, el simple hecho de leer estos datos seguramente habrá provocado una respuesta negativa en ti, pero si tu personalidad tiene un componente vocacional, seguro que tu cerebro se resiste a abandonar la idea de formarte en esta profesión.

POR QUÉ ESTUDIAR HISTORIA DEL ARTE

Estudiar o no Historia del Arte es una decisión que tienes que tomar tú, es tu vida y nadie puede decirte lo que debes hacer con ella, pero si te sirve de ayuda te diré tres claves que espero que te sirvan para tomar una decisión más acertada:

1. Los datos son importantes, pero no tanto: Los datos estadísticos están, en mi opinión, sobrevalorados. En primer lugar, no recogen la totalidad de la realidad. Piensa que, en este caso concreto, el informe se refiere exclusivamente a las personas que están empleadas y no incluye a todos los trabajadores por cuenta propia (autónomos y empresarios). En segundo lugar, establecen un marco temporal muy concreto, es decir, el año 2013, pero realmente nadie sabe lo que va a ocurrir en los años posteriores, aunque es preciso matizar que existen tendencias y que es conveniente tenerlas en cuenta.

En tercer lugar, establecen un marco espacial demasiado amplio, esto es, España. ¿Es lo mismo tratar de buscar empleo en una gran ciudad que en una ciudad pequeña? Obviamente no. En grandes ciudades como Madrid y Barcelona, con un sector cultural vibrante, seguro que la empleabilidad y los sueldos son mejores que en ciudades pequeñas en las que apenas existen museos, centros de arte, galerías, etc. Por último y como dicen los ingleses, «think outside the box», es decir, 'piensa fuera de la caja', de ese marco conceptual impuesto, y no te dejes condicionar por los datos, porque cada persona puede buscar su propio camino.

2. Te han programado para que seas empleado: ¿Te has fijado en que el sistema educativo te ha programado para que seas un empleado? Si tienes la oportunidad, te recomiendo encarecidamente que leas el libro del profesor Sir Ken Robinson titulado El elemento. Descubrir tu pasión lo cambia todo. En él explica que el sistema educativo actual proviene de la llamada Era Industrial y que las escuelas están concebidas como fábricas, con horarios, con timbres que marcan el principio y fin de las clases, con la misma oferta educativa para todo el mundo, etc. ¿Por qué? Porque en la Era Industrial los empleados eran en su mayoría operarios de fábrica y administrativos, todos debían ser obedientes y todos debían saber exactamente lo mismo para poder ser reemplazables en la cadena de producción.

Ahora, el eminente exprofesor de educación artística de la Universidad de Warwick (Reino Unido) propone exactamente lo contrario: una educación más individualizada y, ¿adivina qué?, más artística y creativa. Según el doctor Robinson, todas aquellas enseñanzas de corte creativo tendrán, a partir de este momento, un futuro más brillante y esperanzador que aquellas que sean más mecánicas. Estamos hablando de una persona que asesora al Gobierno del Reino Unido, al de Singapur, al de Hong Kong y a la Unión Europea en materia educativa y probablemente es el pedagogo más importante a nivel internacional, así que toma muy en serio sus sabias propuestas.

3. Solo vas a vivir una vez: Es necesario recordarnos una y otra vez que solamente tenemos una oportunidad. Si todo tu ser expresa una necesidad imperiosa de estudiar Historia del Arte, no lo dudes. ¿De qué te serviría una vida sin significado? ¿Al final de tu vida quieres arrepentirte de no haber realizado aquello que amabas? Sinceramente, no tiene ningún sentido pensar así.

Eso sí, si deseas cumplir tus sueños y desarrollar esta profesión tienes que trazar un plan, marcarte unos objetivos concretos y pensar exactamente a qué te quieres dedicar cuando termines la carrera (*ver capítulo 4*), es decir, comienza con un fin en la mente. Por ejemplo: «Quiero trabajar en el Departamento de Educación del Museo (incluye aquí el nombre que desees), que está en la ciudad (inserta aquí la ciudad)». A continuación, pregúntate qué pasos tienes que dar para acercarte a tu meta: «¿Qué notas necesito sacar para optar a este puesto?, ¿puedo hacer prácticas allí?, ¿existen ahora mismo oposiciones públicas a las que me pueda presentar?, ¿puedo llevar a cabo un proyecto allí?». Recuerda: primero sueña y luego baja a la Tierra y ejecuta tu plan. Necesitas ser un soñador práctico, pero no dejes de ser un soñador porque, como ya te dije, solo vas a vivir una vez. No desperdicies la oportunidad.

POR QUÉ NO ESTUDIAR HISTORIA DEL ARTE

Ya te he señalado los pros y ahora vienen los contras, ya que este capítulo está dedicado a la cuestión de por qué no dedicarte a estudiar Historia del Arte. Aquí los tienes:

1. Quieres un estándar de vida elevado: Obviamente con esta profesión no te vas a hacer rico. Supongo que a estas alturas ya debes haberte dado cuenta. Si tu meta en la vida se reduce exclusivamente a obtener réditos económicos, mejor descarta la opción de estudiar Historia del Arte. Como te mostré al principio, los datos son contundentes: los sueldos no son altos y no es una profesión que el mercado considere de valor. Es cierto que en casos puntuales los salarios pueden ser ligeramente elevados, sobre todo si consideramos la remuneración de los altos cargos de la Administración relacionados con la cultura o los directores de museos importantes; pero del resto, los sueldos objetivamente no son altos. Si en tu caso particular tienes aspiraciones económicas más elevadas (lo cual es totalmente lícito), entonces quizás deberías contemplar la posibilidad de dedicarte a otras profesiones mejor pagadas.

2. Eres una persona muy cerebral y práctica: Si eres una persona práctica y poco soñadora, yo en tu lugar descartaría esta profesión. En ese caso, mejor busca qué profesiones ofrecen un grado de empleabilidad superior al 90 % (informático, contable, gestor financiero, etc.), pero, por favor, no vayas a elegir Historia del Arte, porque tu decepción cuando termines los estudios va a ser mayúscula. Si, además, te puedes permitir pagar una universidad privada, es todavía más probable que encuentres trabajo con mayor celeridad.

Ahora bien, tienes que tener claro que las decisiones en la vida acarrean consecuencias y que todo tiene un coste que tienes que estar dispuesto a pagar. Quizás un día te levantes, vayas a la oficina y te sientas desgraciado por desarrollar una actividad que consideras horrible, incluso aunque tu sueldo sea elevado. Personalmente, pienso que la riqueza en la vida no solo se mide en un extracto bancario, sino que existe otro indicador que no falla para saber si tomas las decisiones correctas: ¿te levantas feliz y pletórico por las mañanas? Si tu respuesta es positiva, habrás hecho lo correcto.

3. Reduces la realidad a lo que publican los medios de comunicación: Si fuéramos a hacer caso de todo lo que leemos en los medios de comunicación, todos seríamos brókers o todos estudiaríamos unas oposiciones porque es lo más seguro que existe laboralmente hablando (no te despiden, tienes pagas dobles, vacaciones reguladas, días de asuntos propios, etc.). Pero la realidad es que la seguridad no existe, es una ficción que se crea el ser humano para poder subsistir. El mundo ya no es lo que solía ser.

Ahora vivimos en un mundo VUCA, unas siglas que traducidas del inglés significan 'volátil, incierto, complejo y ambiguo'. Así que realmente nadie sabe lo que está pasando en este planeta, ni siquiera los medios de comunicación masivos. Para poder saberlo habría que conocer todos los datos y variables que existen y todas las combinaciones posibles de estos entre sí. Como es lógico, esto es imposible de obtener y, aún en el caso de que esto fuera posible mediante inmensos bancos de información, el resultado sería únicamente una instantánea de un momento muy concreto que cambiaría al día siguiente.

Dicho esto, si te guías por lo que dicen los medios de comunicación ciegamente, no estudies Historia del Arte. Si, aún así, por tu cuenta y riesgo, deseas estudiar esta carrera, allí aprenderás a no fiarte de los medios de comunicación y a desarrollar tu espíritu crítico.

4. Te guías por lo que te dice un familiar o amigo: Si nadie sabe qué está pasando en el mundo, mucho menos tus familiares o amigos. A menos que ellos trabajen en el sector cultural y sepan de lo que están hablando, ni se te ocurra hacerles caso. Ellos ven la realidad de una forma que no tiene por qué corresponderse con la tuya.

Tampoco te fíes de los llamados "realistas". Si quieres aburrirte y deprimirte consulta a un realista, es decir, a aquel que te dirá las famosas frases: «Estudia Económicas que eso tiene más salidas laborales» o «Estudiar Historia del Arte… eso no es realista». ¿Es realista volar en avión? ¿Es realista que las personas se conecten a Internet? ¿Es realista ir a la Luna? Si fuera por los realistas viviríamos todavía en la prehistoria, no habríamos desarrollado la tecnología que tenemos hoy en día ni dispondríamos de todos los conocimientos de que disponemos.

Si eres de los que se guían por familiares o amigos realistas (que pueden emitir sus juicios con su mejor intención), mejor no estudies Historia del Arte. Pero recuerda: las personas más brillantes de la humanidad no han sido realistas, siempre consideraron que se podía ir más allá, aunque los demás no fueran capaces de verlo.

HAZ TU PROPIA LISTA DE PROS Y CONTRAS

Hasta aquí es lo que te puedo recomendar, ahora te toca a ti. No esperes a que los demás te digan qué es lo que tienes o no tienes que hacer y elabora tu propia lista de pros y contras. No te olvides de incluir las amenazas (disponibilidad de tiempo, disponibilidad de recursos económicos, retorno de la inversión realizada, rentabilidad personal o rentabilidad social) y de oportunidades (conocimientos prácticos adquiridos, mejora de las capacidades de análisis de la realidad que nos rodea, desarrollo de la capacidad crítica, mejora de la cultura general, posibilidad de trabajar en lo que te gusta, etc.).

2. APTITUDES NECESARIAS

Si tomas la decisión de estudiar Historia del Arte, es conveniente que dispongas de una serie de aptitudes que considero indispensables. No es ningún secreto que las personas que logran sus objetivos personales o profesionales trabajan duramente para desarrollar y mejorar sus aptitudes.

Por eso, creo conveniente que revises esta lista de aptitudes y que las apliques si deseas obtener buenos resultados cuando te encuentres inmerso en tus estudios. Por supuesto, tómalo con calma y precaución y utiliza el sentido común, ya que la adquisición de estas aptitudes lleva tiempo y esfuerzo, pero lo importante es que se pueden desarrollar, así que no te desanimes de entrada. Sin más, paso a relatarte cuáles son estas aptitudes:

1. Ser una persona sensible: Sin duda alguna esta es la característica fundamental que debe poseer toda persona que de verdad quiera estudiar Historia del Arte. El estudio de la producción artística de la humanidad requiere de personas que dispongan de unos sentidos muy aguzados. La buena noticia es que no es imprescindible tener una predisposición genética (aunque si esto fuera posible, sería deseable), ya que los sentidos se pueden educar. Aun así, es muy importante, por encima de cualquier otro aspecto, saber observar y saber escuchar. Incluso yo añadiría saber degustar.

2. Apreciar los detalles y sutilezas: Cuando estudias Historia del Arte, en realidad estás estudiando imágenes o sonidos. Por lo que respecta a las imágenes, me imagino lo que estarás pensando: «¿Si contemplo una obra in situ, de qué imágenes me hablas?». Todo es imagen, ya provenga directamente de la realidad, de una proyección en una pantalla o de un libro. En el primero de los casos tendrás el privilegio de contemplar la obra de arte sin más filtro que el que te proporcionan tus ojos, mientras que en el resto de opciones aumentarás el margen de error en la lectura que realices de la obra de arte.

Ser historiador del arte consiste en apreciar los detalles y sutilezas de esas imágenes que normalmente pasan desapercibidos para la mayoría de las personas y en ponerlos al servicio de los demás: hacer visible lo invisible. Lo explicaré de otra manera porque este punto es muy importante. La mayoría de personas tienen una visión de conjunto. Si, por poner un ejemplo, se sientan a ver una pared blanca, solo verán una pared blanca. Lo que ocurre es que los artistas verán en esa misma pared miles de detalles, verán las imperfecciones de la pintura, las texturas, los cambios de color a lo largo del día cuando los rayos de sol penetran a través del cristal de la ventana... Los artistas ven así el mundo y tú estudiarás a estos artistas.

3. Ser contemplativo: La vida contemporánea es una vida de acción, de productividad y de inmediatez. El estudio de la historia del arte, sin embargo, recuerda más a una ceremonia japonesa del té: es calmada, parsimoniosa, sin atajos rápidos, zen... Si eres una persona con taquicardia permanente, ya sabes que la desesperación será la tónica general cuando asistas a clase; pero si, por el contrario, eres una persona que se maravilla al ver florecer los cerezos, tiene el suficiente temple para ver una película de Terence Malick o de escuchar la pieza musical 4' 33" de John Cage sin pestañear, esta es tu carrera.

4. Ser un buen lector y redactor: Lo queramos o no, el buen uso del lenguaje es fundamental para estudiar Historia del Arte. Ya nos gustaría aprehender la realidad de forma inmediata, pero no es posible, necesitamos del lenguaje para comunicarnos. Durante tus estudios tendrás que leer y escribir mucho (muchísimo), así que si estás acostumbrado a hacerlo y has adquirido con los años el hábito de la lectura y la escritura, serás un estudiante muy aventajado. Todo es cuestión de ponerse a la tarea y leer un poco cada día y escribir a menudo sobre los temas que te resultan de interés, ya sea en un blog o en un cuaderno. Mi consejo es que lo hagas públicamente, porque así seguro que te esfuerzas más y otras personas pueden beneficiarse de tus logros y avances en la materia.

5. Tener buena memoria: Miles de pinturas, miles de esculturas, miles de películas, miles de canciones, miles de libros, etc. Esto es lo que te espera si decides estudiar Historia del Arte. Pero no te asustes, esto ya lo haces cuando vas de viaje o en tu tiempo de ocio. La única diferencia es que ahora deberás memorizar (o recordar, si quieres usar un término que intimide menos) al menos las más importantes obras de cada artista y periodo. Aquellas que son el paradigma que explica una época o aquellas que ejemplifican un cambio en los gustos estéticos del momento.

6. Tener capacidad de interrelación: Siguiendo con el punto anterior, podemos decir que la buena memoria no sirve de nada si no sabemos conectar esas imágenes o piezas sonoras entre sí. Una buena obra de arte siempre establece un diálogo con el pasado, está cargada de referencias y de guiños ingeniosos. Es lo que en literatura se conoce con el término de intertextualidad y básicamente quiere decir que cada obra está influenciada por sus predecesoras, ya sea implícita o explícitamente. A eso me refiero con que debes tener una gran capacidad de relacionar estas obras de arte, para que puedas comprender las evoluciones, involuciones y revoluciones que se han producido a lo largo de la historia del arte.

7. Tener capacidad de abstracción: El estudio de obras concretas no conduce a ninguna parte, ya lo hemos adelantado en el párrafo anterior. Ahora bien, relacionar estas obras entre sí tampoco servirá de nada si no somos capaces de extraer unas conclusiones generales. De eso es de lo que trata la capacidad de abstracción, tan necesaria en estos menesteres.

La capacidad de abstracción es imprescindible para enunciar teorías que expliquen cuál ha sido el rumbo que ha seguido la humanidad. No olvidemos que, al fin y al cabo, trabajamos con fragmentos de la realidad y que recomponer el puzle es la tarea a la que se enfrentan los historiadores del arte. Sin la capacidad de abstracción nos quedaremos en ese análisis de los fragmentos del pasado y eso no deja de ser anecdótico.

8. Tener capacidad de reflexión: La capacidad de reflexión es diferente a la capacidad de abstracción. Están íntimamente unidas, pero no son lo mismo. La reflexión es un proceso en el que se barajan diferentes hipótesis obtenidas del estudio de diversas variables y consiste, sobre todo, en dilucidar cuál pudo haber sido la verdad, que es el valor máximo al que siempre hemos de aspirar. Es un proceso difícil y, aunque es individual, tiene que someterse al escrutinio de los colegas de profesión que, a través de la crítica constructiva, deberán validar o no los resultados de una investigación. Reflexión, reflexión, reflexión. Ya llegará el momento de poner por escrito las conclusiones de tus pesquisas.

9. Tener capacidad de análisis: Analizar es separar y dividir en partes. Una imagen, aunque está acotada, es un universo en sí mismo. Tiene un significado y ha sido realizada con una intención muy concreta. Desentrañarlo será tu tarea y te llevará tiempo, porque todos los elementos que componen una obra son susceptibles de ser analizados: materia, color, técnica, fecha de producción, composición, dibujo, iconografía, etc. Además, también es necesario conocer el contexto en el que se produjo la obra, la biografía del autor y el lugar en el que se encuentra o se expone.

10. Saber apreciar la belleza: Decía el célebre psicólogo humanista Abraham Maslow que en la cúspide de la pirámide de las necesidades humanas se encuentra la autorrealización. Según él, todo ser humano para ser feliz en última instancia, y tras disponer de todas sus necesidades cubiertas, ansiaría la búsqueda de la belleza. Estoy de acuerdo: los seres más refinados buscan la belleza. Lo que pasa es que a veces esto se confunde con la cursilería. Nada que ver. La belleza no es solo la proporción, simetría, ritmo y armonía de las esculturas clásicas. Esa idea de belleza, aunque totalmente válida (yo la suscribo por completo), es solo una parte de la belleza total. Te toca a ti descubrirla.

11. Tener una mente abierta: Como último requisito quiero mencionar, al menos de forma somera, lo importante que es tener una mentalidad abierta cuando se estudia Historia del Arte. Sorprendentemente, la mayoría de las personas son bastante conservadoras en cuanto a sus gustos estéticos e incluso los estudiantes de arte lo son. Es cierto que vivimos en la era de los excesos y que los artistas tienden a jugar con los límites del arte (ejemplos de esto hay miles, desde Duchamp a Manzoni o Damien Hirst), pero aun así debemos tener la suficiente grandeza de reconocer el valor de la transgresión si se hace para cambiar paradigmas caducos. Yo no soy partidario de la transgresión vacua, eso suena más a pornografía. La otra, la novedosa, es la que no todos saben entender de entrada, la que combaten ferozmente y la que finalmente aceptan como normal. No seas uno de ellos, ten una mente abierta.

Pues bien, espero que te haya servido de ayuda este listado de aptitudes que considero importante que desarrolles. Aquí la clave es desarrollar, ya que si has leído hasta aquí, estoy convencido de que tú todo esto ya lo llevas incorporado en tu ADN. Ahora solo queda empezar o, mejor dicho, continuar, porque de hecho, ya has comenzado.

28

3. ACTITUDES NECESARIAS

La actitud es la forma de actuar de una persona ante las circunstancias de la vida. Según Carl Gustav Jung, «Tener una actitud es estar dispuesto a una cosa determinada, aunque sea inconsciente». Otra definición de actitud dice: «Voluntad para afrontar una determinada actividad». Lo bueno es que las actitudes se pueden aprender, no son innatas ni vienen determinadas biológicamente (si quieres saber más, aquí puedes ampliar la información: http://definicion.de/actitud/). Las personas somos capaces de cambiar, pero solo si queremos.

Cuando comienzas un proyecto muy ambicioso, pongamos por caso estudiar la carrera universitaria de Historia del Arte, la actitud con la que asumes el reto es fundamental. Te propongo una lista de actitudes que deberías considerar. Sé que esta lista te puede resultar demasiado ambiciosa, por eso debes tomarla con calma y poco a poco. Aprovecha de aquí la información que consideres más importante para ti y, por favor, no trates de aplicarlo todo a la vez porque así nunca resultará. Es mejor centrarse en unas pocas actitudes e ir trabajando en ellas poco a poco. Lo bueno es que, si tienes paciencia y logras asentar estos conocimientos, seguro que son útiles para el resto de tu vida y no solo para aquellos momentos en los que estés estudiando o asistiendo a clase.

Aquí tienes las actitudes que considero más importantes:

1. Apasionado: La pasión mueve montañas. Si has elegido esta carrera por vocación, como te comentaba en la introducción, esta actitud seguro que ya la tienes. Con esto tienes garantizado el 50 % de la carrera, porque está claro que estos temas son de tu interés. Seguro que mientras estás contemplando obras de arte o estudiando algún libro especializado o divulgativo las horas pasan y ni siquiera te das cuenta. No te imaginas lo increíblemente positivo que es ser apasionado para lograr tus objetivos.

Por otra parte, puede darse el caso de que estés en esta carrera porque «había que estudiar algo». Esta mentalidad es la típica de España (no sé si ocurre lo mismo en otros países), porque existe –o existía– una obsesión desmedida con la cuestión de estudiar una carrera universitaria. De hecho, todo el sistema educativo está orientado a la consecución de un título universitario. En principio, no es cuestión de desacreditar por ello a todo el sistema educativo o la universidad. De lo que hablo es de que el objetivo de la mayoría de las personas es simplemente obtener un título y no tanto aprender todos los conocimientos necesarios que requiere una profesión determinada.

En cualquier caso, no siempre es necesario elegir una carrera por vocación para que el resultado final sea exitoso, a veces comienzas un proyecto por inercia y en el transcurso del mismo descubres que es la pasión de tu vida. En ocasiones es necesario ir descubriendo qué es lo que te gusta y cuál es tu camino. Así que no te preocupes demasiado si este es tu caso.

2. Curioso: Como un derivado del concepto anterior, te propongo que seas consciente de la importancia que juega la curiosidad a la hora de enfrentarte a tus estudios universitarios (y a la vida en general). Decía Albert Einstein que «existen dos formas de ver la vida: una es creer que no existen milagros, la otra es creer que todo es un milagro».

Al mencionarte esta frase no me estoy refiriendo a los milagros en un sentido religioso, Einstein era un científico y su visión del mundo era la de una persona de ciencia. Me refiero a que te detengas a pensar en lo extraordinariamente enrevesado que es este mundo que habitamos; que pienses en la complejidad del funcionamiento del cuerpo humano con todas sus células, tejidos, órganos y sistemas interactuando entre sí; o que te percates de cómo funciona el cosmos, con todos los elementos que lo componen (las estrellas, los planetas, los satélites, los agujeros negros, etc.). Entonces te darás cuenta de que vivimos en un universo que debería suscitar en nosotros una inmensa curiosidad.

Por eso, recomiendo a toda persona que desee estudiar en la universidad que sea una persona curiosa y, especialmente, en aquellos temas que se van a tratar. Obviamente no todo dependerá de los temas tratados, sino que también dependerá de los profesores que impartan las materias, porque habrá algunos que no te inspirarán ni te motivarán a estudiar. Lo importante aquí es que seas una persona curiosa y que te interesen los asuntos artísticos y los relacionados con la creatividad humana. Si tienes esta actitud, muy probablemente esta carrera es para ti.

3. Reflexivo: Esta característica es fundamental. Más que una actitud, muy probablemente la reflexión sea un hábito, pero la he incluido en este apartado porque, aun así, considero que se trata de un elemento común a todos aquellos que estudian Humanidades. Todas las personas que conozco que han estudiado estas disciplinas se caracterizan por ser muy reflexivas, en el sentido de que cuando reciben una información la analizan exhaustivamente, la cuestionan, tratan de buscarle otros puntos de vista y, finalmente, emiten un juicio sobre ella.

Esta actitud es extremadamente importante para los estudiantes universitarios, porque toda información debe someterse a debate, debe "ponerse en cuarentena", analizarse cuidadosamente e, incluso, desecharse en caso de que sea inadecuada. Las personas reflexivas están siempre dispuestas a debatir con otras personas y a ponerse en el lugar de sus interlocutores, están abiertas a nuevas opiniones y no tienen problemas a la hora de desautorizar aquellos criterios que consideran inverosímiles. Así que, si siempre te has considerado una persona reflexiva, podría decirse que este sería un campo adecuado para ti.

4. Crítico: Me estoy refiriendo a la crítica constructiva, por supuesto. Aunque existen personas que conciben la crítica como una actitud de desprestigio hacia otros, personalmente pienso que no es así. Considero que la crítica debe entenderse como un recurso que sirve para mejorar la sociedad y, por tanto, siempre debe abordarse desde un punto de vista constructivo.

Pongamos un ejemplo. Si hablamos de la crítica de arte, existen determinadas personas con actitud de superioridad que utilizan sus dotes lingüísticas para, literalmente, destruir la obra de otras personas; son los llamados enfants terribles y los reconocerás rápidamente por sus afiladas críticas. Pero la crítica necesita de un equilibrio entre la subjetividad –proyección del autor en el texto– y la objetividad –evaluación de las obras de arte–. Estos críticos, un tanto dados al exceso, además están muy próximos a los pedantes, es decir, aquellos que utilizan los textos para lucir sus destrezas con el lenguaje.

Por eso, como recomendación, te diría que sí, que debes ser una persona crítica y a la vez reflexiva, pero que siempre trates de ser equilibrado y justo cuando emitas juicios que involucren a otras personas. No se trata de ser buenista ni nada por el estilo: se puede ser creativo, inteligente y rompedor, pero no te olvides de ser un crítico elegante.

5. Comunicativo: A mi entender, toda persona que desee dedicarse a esta profesión debería disponer de una predisposición innata hacia la comunicación de ideas. Es posible que seas introvertido o que no te apasione hablar en público; quizás lo tuyo son las pequeñas audiencias o quizás te expresas mejor por escrito que oralmente. El caso es que, en un sentido amplio, la comunicación es una cualidad muy importante.

Piensa que los historiadores del arte tienen dos armas: la palabra escrita y la palabra hablada. Todo el trabajo que desarrollan estos profesionales se basa en la investigación y en la comunicación de ideas a través de estos medios. Si deseas ser un verdadero profesional, vas a tener que estar dispuesto a comunicar los resultados de tus investigaciones y a exponerte, por cierto, a las críticas de otros. Así es como está construido todo el sistema universitario y, tanto si deseas dedicarte a la docencia como a la investigación, no te quedará más remedio que aplicarte en estos menesteres. La buena noticia es que, como siempre, todo puede mejorarse con esfuerzo y disciplina.

6. Comprometido: Por último, quería comentarte una actitud fundamental de los estudiantes, tanto de Historia del Arte como de cualquier otra materia universitaria. Verás que siempre son personas comprometidas, ya que el simple hecho de estudiar requiere de un fuerte compromiso. En esto sí que es preciso ser muy claros: si no eres una persona comprometida, jamás vas a lograr completar una carrera, y menos una carrera de estas características.

Por eso, te recomiendo que, si finalmente te decides a hacerlo o si ya estás en medio del proceso, te comprometas a terminarlo o si no, no lo hagas. Si ves que esto no es para ti, abandona lo más rápido que puedas y no te involucres. Pero, si ves que te apasiona y te encanta lo que estás aprendiendo, tienes que darlo todo y tienes que usar todo tu potencial. Te lo digo porque sé que va a ser duro y va a requerir mucho esfuerzo por tu parte. Así que, si eres una persona que no se compromete consigo misma, con otras personas, con su vida o con sus estudios, mejor déjalo, esto no es para ti.

4. SALIDAS PROFESIONALES

LA ENSEÑANZA

Si tu vocación es transmitir conocimientos a otros, la enseñanza es una opción estupenda para ti. Hay varios campos en en los que podrás desarrollarte:

1. En la enseñanza pública: A través de oposiciones oficiales podrás optar a dar clase tanto en la enseñanza secundaria como en la universitaria, siempre en asignaturas relacionadas con la carrera.

2. En la enseñanza privada: Mediante un contrato en un centro privado podrás optar a las mismas salidas que en la enseñanza oficial.

3. Como profesor autónomo: Una tercera vía es especializarte en distintas temáticas y dedicarte a dar conferencias, charlas o coloquios en centros culturales, centros docentes, fundaciones, etc.

GALERÍAS DE ARTE

Esencialmente una galería de arte es un espacio en donde se compra y se vende arte, de ti dependerá que sea algo más. Por ejemplo, se puede transformar en un espacio para la cultura donde se realicen actividades paralelas y, sobre todo, en un lugar de proyección de artistas consolidados, emergentes o desconocidos totalmente.

En cuanto a este tipo de actividad, existen dos opciones:

1. Abrir tu propia galería: De esta forma te convertirías en un empresario que gestionaría su propio negocio. En este caso, te recuerdo que en la carrera de Historia del Arte no se imparte ninguna asignatura sobre cómo gestionar este tipo de empresas. Pero, en cambio, sí te enseñan un requisito indispensable, que es la sensibilidad a la hora de tratar tanto con la mercancía (los objetos artísticos) como con sus creadores (los artistas).

2. Trabajar para una galería como colaborador: En este caso, tendrías que colaborar en distintas tareas como realizar un catálogo razonado de una exposición, comisariar una exhibición, asesorar en la compra y venta de obras, desarrollar proyectos expositivos, etc.

EDITORIALES

Hoy en día las salidas hacia en este área son dos:

1. Publicaciones especializadas: Nos referimos a las publicaciones que tradicionalmente todos conocemos y que tienen como soporte el papel. Se trataría, bien de publicar libros escritos por ti —pero para ello necesitas a un editor—, o bien colaborar con revistas especializadas en arte, diarios y otras publicaciones de carácter periódico realizando crítica de arte, ensayos, artículos informativos, etc.

2. Plataformas digitales: La otra opción es utilizar la tecnología digital y crear tu propio blog con contenidos sobre arte y cultura. De esta forma, no dependerías de terceros y podrías tener tu propia línea editorial con una publicación gratuita de los contenidos, que podría complementarse con productos o servicios de pago, ya sean libros electrónicos, cursos especializados, etc.

ASESORAMIENTO

Los trabajos de asesoramiento como historiador del arte son más abundantes de lo que en un principio pueda parecer, ya que abarcan numerosos ámbitos que se pueden desarrollar tanto en la esfera pública como en la privada. En general, consiste en aportar tu conocimiento en los diferentes trabajos en los se requiera información concreta en relación a la historia del arte. Tu conocimiento será fundamental en las siguientes actividades profesionales:

1. Artes escénicas, artes audiovisuales, televisión y publicidad: El papel a desempeñar en estos trabajos sería el de documentalista, una labor que exige investigar e interpretar, algo para lo que un historiador del arte está perfectamente formado.

Tanto en el teatro como en la danza, cuando se necesite crear escenografías fieles a una época, podrás documentar al equipo artístico. Será necesario indicar cuál era el estilo imperante en la época, los autores más importantes, las disciplinas artísticas del momento e incluso las teorías artísticas o las técnicas utilizadas. En el cine y la televisión, además de lo anteriormente dicho, podrás asesorar en la construcción misma del guión cuando se trate de alguna película relacionada con las artes o de algún documental sobre artistas, movimientos artísticos, el mercado del arte, etc.

La publicidad es otro ámbito en el que es posible aportar tus conocimientos. Puedes descubrir a los creativos la potencia del gran conjunto de imágenes que nos ofrece la historia del arte y la gran cantidad de discursos que existen detrás de ellas; un conocimiento que suele ser muy superficial dentro del mundo de la publicidad. De esta manera, puedes ayudar a crear nuevas formas publicitarias basadas en la calidad de estas imágenes.

2. Coleccionistas de obras de arte: El mundo del coleccionismo de obras de arte es muy amplio tanto en el ámbito público como en el privado. Es aconsejable que para acometer este tipo de trabajo te especialices en el arte contemporáneo, porque es el que más se comercializa y, por tanto, el que más se colecciona.

La labor de un historiador del arte en este entorno es fundamental, ya que puede aconsejar qué obra adquirir para una colección o qué obra vender. Pero también puede organizar las colecciones y realizar inventarios de las mismas. Además, estos inventarios exigen la elaboración de una memoria que se conoce como catálogo razonado, un documento que tiene como finalidad ser una fuente para el conocimiento y estudio de la colección y que se utilizará tanto para la venta como para la investigación.

Los coleccionistas pueden ser personas físicas, administraciones públicas (gobiernos, cabildos, diputaciones, ayuntamientos, etc.) o entidades privadas (fundaciones, grandes empresas o bancos y cajas de ahorros). La Iglesia es otra institución que tiene una gran cantidad de obra artística, en este caso de carácter religioso. Si te gusta el arte sacro, hay mucho trabajo que realizar, ya que en cualquier ermita, iglesia o convento siempre hay suficiente obra religiosa que sería adecuado inventariar.

3. Cuerpo Nacional de Policía: Si tu vocación es salvaguardar y proteger el patrimonio desde la Administración pública, existe en los cuerpos de policía de todos los países una brigada de patrimonio histórico. Su competencia específica es la investigación de todas las agresiones contra el patrimonio histórico, artístico y cultural, tanto de titularidad pública como privada que se producen en el territorio nacional (obras de arte, esculturas, pinturas, elementos arquitectónicos, etc.).

ÁMBITO DEL PATRIMONIO HISTÓRICO-ARTÍSTICO ARQUITECTÓNICO

Si tu interés está en dedicarte a actividades relacionadas con el patrimonio arquitectónico, es requisito indispensable que desde el inicio de la carrera escojas todas las asignaturas relacionadas con arquitectura y urbanismo. Además, es muy aconsejable que aprendas paralelamente algunas nociones básicas de arquitectura y delineación de planos con programas informáticos. Los ámbitos en los que podrás desarrollar tu carrera son los siguientes:

1. Urbanismo: El urbanismo es el estudio y planificación de la ciudad atendiendo a los diversos agentes que la conforman, como el geográfico, el social, el económico, el arquitectónico, etc. El urbanismo de todos los núcleos se rige por un programa que tiene el objetivo de ordenar el territorio y que se conoce como Plan General de Ordenación Urbana (PGOU). Estos planes los desarrollan los arquitectos urbanistas, pero en la actualidad es muy frecuente la colaboración con un equipo multidisciplinar constituido por geógrafos, historiadores del arte, economistas, abogados, sociólogos, paisajistas, etc.

Uno de los objetivos de estos planes es la delimitación y protección de los conjuntos y sitios históricos, así como de los edificios históricos aislados. Para ello, se realiza un catálogo de protección estos edificios que incluye una ficha técnica de cada uno (situación, año de construcción, etc.) y, lo más importante, los valores patrimoniales por los que se debe proteger. Aquí es donde participarías tú, ya que el conocimiento de un historiador del arte es fundamental. Si te has formado convenientemente, podrás distinguir qué edificios se deben o no proteger atendiendo a sus valores arquitectónicos, artísticos e históricos. La elaboración de estos catálogos de protección viene determinada por el artículo 20 de la Ley 16/1985, de 25 de junio, del Patrimonio Histórico Español, cuyas competencias han sido transferidas a las autonomías.

2. Elaboración de informes y dictámenes de edificios históricos y monumentos: Todas las intervenciones, ya sean de restauración, rehabilitación o conservación, que se vayan a efectuar en edificios históricos o monumentos deben ir acompañadas de un informe de un historiador del arte. En este informe se elabora una contextualización del bien a proteger, así como un análisis y una conclusión sobre la intervención que se va a acometer.

3. Peritaciones: En ocasiones se producen denuncias por parte de la administración competente hacia intervenciones que, de forma pública o privada, se realizan en edificios protegidos. En estos casos, si el conflicto no se resuelve de forma administrativa, se abre un procedimiento judicial.

Es aquí donde aparece la figura del perito judicial, que formará parte de la defensa o de la acusación dependiendo de quién lo contrate. Su labor será emitir un dictamen con un estudio pormenorizado de las intervenciones realizadas y exponer unas conclusiones que aclaren si las intervenciones efectuadas se ajustan o no a la Ley del Patrimonio Histórico. Este tipo de dictamen, por sus conocimientos y titulación, solamente lo pueden realizar un historiador del arte especializado en patrimonio arquitectónico o un arquitecto especializado en patrimonio.

TASACIONES

Otra profesión en la que puedes desarrollarte es la de tasador. Consiste en saber valorar y fijar el precio de una obra de arte atendiendo a varios factores, como la fecha de realización, el material con el que está realizada, la relevancia del artista, el estado de conservación, etc. Para realizar este trabajo es imprescindible un curso o un máster de especialización que te oriente, ya que la carrera de Historia del Arte seguramente no te aporte ningún conocimiento en relación con este campo.

El abanico de posibilidades es mayor de lo que uno pueda pensar en un primer momento. Te señalo algunos de los ámbitos en los que puedes trabajar como tasador:

1. Compañías aseguradoras: Requieren de tasadores que valoren las obras de arte que tengan que asegurar para sus clientes.

2. Notarías: En caso de herencias de obras artísticas, los notarios deben dar valor a los objetos artísticos heredados, por lo que se requiere un tasador especializado en arte.

3. Peritación: En caso de litigios judiciales relacionados con el precio de obras de arte, los jueces nombran, cuando no hay acuerdo entre las partes, a un perito tasador imparcial.

4. Bufetes de abogados: Dentro de los bufetes de abogados se puede trabajar como tasador de una de las partes que se encuentra en litigio.

5. Mercado del arte: También puedes trabajar en casas de subastas, anticuarios y galerías de arte, asesorando sobre el valor de los objetos artísticos que están presentes en estos negocios.

LA GESTIÓN CULTURAL

Este es un ámbito muy amplio, pero de forma sucinta podemos decir que se trata de gestionar productos culturales: desde un concierto de música hasta una exposición de pintura, pasando por un festival de cine o unas jornadas sobre museos. Un historiador del arte, por su formación, se encuentra en estrecha relación con el mundo de la cultura y esto, sin duda, le puede ayudar.

No debemos olvidar, sin embargo, que un gestor cultural es un empresario y, por tanto, debes tener alma de tal, es decir, ver la cultura como un producto más dentro un mercado que tiene una oferta y una demanda y en el que muchas veces es complejo destacar y generar beneficios (*ver capítulo 27*). También hay másteres que tratan la gestión cultural y que es aconsejable realizar para tener una mayor preparación.

5. CÓMO ESCOGER LA UNIVERSIDAD Y EL GRADO

Escoger la universidad que mejor se adapte a tus intereses es algo fundamental. Acostumbrados al mundo de la secundaria y el bachillerato, en el que no tenemos tanta libertad de elección y donde todos los planes de estudio son más o menos parecidos, no nos damos cuenta de este hecho hasta que ya es muy tarde. Y es que no todas las universidades son iguales. Seguramente el factor más decisivo a la hora de elegir tu universidad sea la cercanía a tu lugar de residencia o las posibilidades que tengas de trasladarte, pero te aconsejamos que no mires solo esto y que investigues qué te ofrece cada universidad.

1. Plan de estudios: Lo más importante es el plan de estudios. Aunque en todas las universidades puedas estudiar Historia del Arte y acabar con el mismo título de grado, no vas a estudiar lo mismo según dónde lo hagas. Cada universidad establece su plan de estudios propio y ofrece unas asignaturas concretas. Las mayores diferencias suelen estar en las asignaturas optativas, mientras que las troncales acostumbran a ser más o menos iguales. Factores como el número de profesores con el que cuenta el departamento y sus especializaciones pueden influir en el plan de estudios. Así, te aconsejamos que antes de escoger estudies bien los diferentes planes, las asignaturas que incluye, las metodologías que aplica, etc.

2. Especializaciones: Hay más factores que serán de relevancia mientras curses tus estudios y que quizás te ayuden a escoger universidad. Por ejemplo, si estás interesado en realizar una especialidad o profundizar en algún aspecto determinado (aunque lo más probable es que esto no lo descubras hasta que no haya transcurrido un tiempo), deberías buscar una universidad que ofrezca esa especialidad o donde haya algún profesor que investigue ese ámbito.

3. Profesorado: Que los departamentos estén nutridos de buenos profesionales de la enseñanza y la investigación seguramente sea el elemento que determine cuánto vas a disfrutar de los estudios. Está claro que no hay nada como tener un buen profesor. Aunque es imposible que todos los profesores sean del gusto de todos, quizás deberías preocuparte de que sí lo sean para ti en esos campos en los que más interés tienes y en los que más querrás profundizar.

4. Recursos: Los recursos que te ofrezca cada centro también te facilitarán las cosas y te harán los años de estudio más agradables. Bibliotecas, talleres para prácticas, centro de idiomas, actividades deportivas o transporte público, entre otras muchas cosas, son factores que puedes tener presentes a la hora de elegir el centro en el que vas a estudiar.

Al final, lo que cuentan son tus preferencias, tus gustos e intereses y el encontrar una universidad que se adapte a ellos lo mejor posible.

DURANTE

En la universidad

6. EL PROCESO DE LA MATRÍCULA

Cuando hayas decidido realizar una carrera, es muy importante el momento de la matrícula para conocer las asignaturas que vas a cursar y las asignaturas que puedes escoger. A la hora de hacer la matrícula hay que tener varios factores en cuenta:

1. Plazos: Antes de todo, deberás consultar en la página web de la universidad donde vayas a cursar los estudios el periodo de matriculación. La mayoría de las universidades españolas abren el proceso de matrícula hasta finales de agosto, por lo que es muy importante que estés atento a estos plazos.

2. Preinscripción: Si eres alumno de nuevo ingreso, el primer paso será realizar una preinscripción para obtener plaza. Podrá ser presencial o a través de Internet, pero esto depende de la universidad donde te matricules. Generalmente vienen todos los datos informativos sobre el proceso de matrícula en la página web, en el apartado de grado en Historia del Arte. Pero, si no te queda claro algún punto del los pasos que debes seguir, te aconsejamos que llames por teléfono a la secretaría de tu universidad para que te aclaren tus dudas.

3. Matrícula: Normalmente, si realizas la matrícula por Internet, tendrás que imprimir el resguardo y pasarte, de todos modos, por la secretaría de tu universidad. Si la realizas presencialmente, tendrás que rellenar un impreso que te proporcionan en la misma secretaría de alumnos de tu facultad.

4. Créditos: Las enseñanzas de grado en Historia del Arte abarcan un total de 240 créditos. Estos quedan repartidos en cuatro cursos que, a su vez, están divididos en 8 semestres (los periodos de exámenes serán siempre en febrero y junio).

Todas las asignaturas constan de 6 créditos.

¿Qué es un crédito? El sistema de evaluación de créditos ECTS (European Credit Transfer System o Sistema Europeo de Transferencia de Créditos) establece que un crédito equivale a 25-30 horas de trabajo. En estas horas se incluyen las clases lectivas (teóricas o prácticas); el estudio personal (en la biblioteca, en casa, etc.); la participación en seminarios, trabajos, prácticas o proyectos, y la preparación y realización de exámenes y de pruebas de evaluación.

5. Asignaturas obligatorias y básicas: Son las asignaturas que obligatoriamente deberás cursar y que, por lo general, hay que realizar en los tres primeros cursos del grado. En la mayoría de las universidades los estudiantes de nuevo ingreso deben matricularse de todas las asignaturas de primer curso.

6. Asignaturas optativas: Generalmente durante el último curso podrás elegir las asignaturas optativas del grado, pero estate atento porque en algunas universidades puedes escoger, en lugar de asignaturas optativas, prácticas que te pueden ayudar a adquirir experiencia profesional. En este punto te aconsejamos que, si decides realizar asignaturas optativas, pienses bien cuáles elegir, pues las optativas te pueden ayudar a especializarte en alguna materia en concreto (arte contemporáneo, arte medieval, gestión cultural, museos, etc.).

7. Precios, descuentos y condiciones de pago: La matrícula podrá satisfacerse en pago único o fraccionado. Toda esta información sobre el pago fraccionado deberá venir reflejada en la página web, en el apartado de la matrícula, pero también podrás obtener toda la información al respecto en la secretaría de alumnos de tu facultad.

Es importante, asimismo, tener conocimiento de las becas a las que puedes optar para que te ayuden en el pago de tu matrícula. En España, existe la posibilidad de pedir la beca del

Ministerio de Educación, Cultura y Deporte presentando la documentación requerida, pero te aconsejamos que leas detenidamente los requisitos que te solicitan.

Además de solicitar esta beca, podrás obtener descuento si posees la acreditación de alguno de los siguientes casos: familia numerosa, víctima de terrorismo, persona discapacitada o matrícula de honor en el bachillerato.

7. ESTRATEGIAS PARA LA MATRÍCULA

Antes de exponerte una serie de sugerencias que te servirán durante el desarrollo de tus estudios académicos, queremos avisarte de la importancia de obtener una buena calificación en cada una de las asignaturas que realices. Con buenas calificaciones, la media final de tu título de grado en Historia del Arte será alta. Una media alta te ayudará a obtener una buena puntuación si quieres realizar un doctorado, optar a cualquier beca, realizar un máster e, incluso, presentarte a unas oposiciones. Por todo esto, es necesario planificarse bien los estudios y tener presente una serie de cuestiones:

1. Asignaturas obligatorias y optativas: En cuanto a las asignaturas, los tres primeros cursos del grado te encontrarás con que todas las asignaturas son obligatorias. Si comparas las asignaturas de varias universidades, puedes encontrar asignaturas con títulos diferentes, pero prácticamente el contenido es el mismo en todos los grados de Historia del Arte.

En cuarto cambia un poco el procedimiento, ya que podrás elegir entre las optativas que se oferten y, además, podrás optar por realizar prácticas externas de 6 créditos. Entre las asignaturas optativas, te recomendamos que elijas aquellas por las que sientas un mayor interés o aquellas que te sirvan para especializarte, si es esto lo que buscas. Si tienes claro, además, que te gusta la investigación y deseas realizar posteriormente el doctorado, qué mejor que elegir aquellas asignaturas más afines a la temática que te interese. No olvides que puedes consultar todos estos aspectos con tus profesores.

2. Prácticas: Las prácticas externas son una opción muy interesante que existe desde que el grado apareció sustituyendo a la licenciatura; son una excelente oportunidad para que puedas completar tu formación y te permitirán incorporarte al mundo laboral con un mínimo de experiencia profesional.

Si te decides por hacer unas prácticas externas profesionales, cada universidad tiene diferentes convenios de colaboración con instituciones y empresas culturales. Otra opción interesante puede ser realizar las prácticas dentro de tu universidad. Infórmate de cuáles son estas instituciones o empresas durante el tercer curso de tu grado, ya que en cuarto curso es cuando tienes que matricularte de las prácticas. El coordinador de tu grado deberá informarte acerca del procedimiento para solicitarlas y del sistema de evaluación.

Generalmente las prácticas cuentan con doble tutor, es decir, tendrás un tutor en la empresa, institución o servicio donde realices las prácticas y otro entre los profesores de tu grado que hará un seguimiento de tus prácticas. Aparte de este doble seguimiento, el alumno deberá entregar unas memorias tras su finalización.

3. Trabajo Fin de Grado: Todas las titulaciones incluyen en sus planes de estudio un Trabajo Fin de Grado (TFG). Será individual y estará dirigido por un profesor/tutor que supervisará y hará un seguimiento del trabajo desarrollado por el alumno. El trabajo tendrá un plazo de entrega y su evaluación constará de dos partes. En primer lugar, será el profesor/tutor quien tenga que evaluar el trabajo y realizar un informe del mismo y, posteriormente, el alumno tendrá que defender oralmente su trabajo ante una comisión de evaluación.

En dicho trabajo el alumno deberá escoger un tema, presentar un título y demostrar los conocimientos sobre dicho tema. Será fundamental probar su capacidad para tratar el tema elegido, así como para manejar correctamente la bibliografía y las imágenes (que deberá adaptar al texto desarrollado). Una buena redacción y exposición del trabajo serán fundamentales para adquirir una alta calificación final. Será indispensable que el trabajo se adecue a las normas dictadas por el tutor, que no contenga errores de ortografía ni gramaticales, que su organización general sea clara y que sean correctas las citas bibliográficas, las notas al pie y la organización de los elementos gráficos.

No olvides que todas las pautas a seguir de este trabajo final deberán estar presentes en la web de tu universidad y, si no fuera así, podrás consultarlo con cualquier profesor de tu carrera.

4. El profesorado: Cuando estés realizando el grado en Historia del Arte te darás cuenta de que una asignatura puede cambiar mucho según quién la imparta. En algunas ocasiones sucede que eliges una optativa porque te atrae su contenido, pero después resulta que el profesor que imparte la materia no explica bien o no hace ningún esfuerzo por desarrollar las clases en condiciones.

Es muy importante tener esto en cuenta en el momento de matricularte en una asignatura o de escoger el profesor/tutor de tu Trabajo Fin de Grado. Puedes consultar su trayectoria académica y profesional, sus publicaciones e, incluso, preguntar a antiguos alumnos para hacerte una idea de si es buen o mal profesor. Si, a pesar de todo, te toca algún profesor que no es de tu agrado, siempre puedes cambiar de horario o directamente de asignatura.

8. LA IMPORTANCIA DE ASISTIR A CLASE

Asistir a clase será una parte importante de tu formación. En algunas ocasiones será la que más esfuerzo conlleve, ya que tendrás profesores que serán muy buenos comunicadores y otros que no, tendrás asignaturas que te parezcan fascinantes y otras que creas que son insoportables.

A pesar de ello, ver imágenes en la pantalla, escuchar nombres y fechas y, en definitiva, asociar información in situ ayuda a retener los datos. Si además tienes suerte con tus compañeros, puedes establecer debates e intercambiar opiniones sobre distintos aspectos histórico-artísticos, algo que te ayudará a ir conformando tu perfil como profesional del arte. Por otro lado, asistir a clase te permite consultar a la persona que imparte la asignatura las dudas que tengas o escuchar las de tus compañeros. Finalmente, te marca una rutina de trabajo y aprendes a recibir información y a sintetizarla en tus apuntes, lo que se convierte en otra forma de aprendizaje.

Sabemos que es un gran esfuerzo y que pasarás muchas horas sentado, pero intenta asistir al mayor número de clases e intenta estar lo más atento posible a todo lo que ocurre en torno a la materia que estés tratando. No es cuestión de ir por clase a ver a los compañeros sin tener preparado nada. Hoy es muy fácil estar al tanto de las noticias de última hora gracias a Internet y a las redes sociales, así que te será de utilidad seguir algún perfil de alguna institución que hable sobre el tema de tu asignatura. De este modo, te garantizas una ayuda extra que pueda complementar las informaciones dadas por los profesores, siempre que te asegures de que la fuente de donde obtienes la información es fiable.

9. RECURSOS BIBLIOGRÁFICOS

Tanto durante la etapa de estudiante como durante la etapa profesional tendrás que consultar a menudo muchas fuentes. Es necesario que sepas dónde y qué buscar para optimizar el tiempo, y también cómo trabajar con la bibliografía correctamente.

BIBLIOTECAS

1. La biblioteca de tu facultad: Por norma, la biblioteca de tu facultad debe tener una web con un buscador que te permita hacer búsquedas generales, por términos, por autor, por título… Durante tu etapa de estudiante seguramente encuentres todo lo que te haga falta dentro de ella. Hazte el carnet para poder sacar libros si no te sirve el de estudiante e infórmate de cuáles son las condiciones para el préstamo de libros, ya que cada biblioteca tiene unas normas, si bien similares, siempre distintas.

2. Biblioteca Nacional: Aparte de las bibliotecas de las universidades, está la Biblioteca Nacional. Se trata de una biblioteca estatal, donde podrás continuar tu labor investigadora. La consulta de libros suele estar más limitada que en tu centro de estudios y normalmente te exigen un carnet de investigador para poder acceder a ella. En su web podrás encontrar un catálogo de los títulos existentes. Esta biblioteca se encuentra en Madrid, pero en otras comunidades seguro que hay otras de características similares. En Barcelona, por ejemplo, está la Biblioteca Nacional de Catalunya.

3. Museos: Otras instituciones culturales que suelen contar con bibliotecas son los museos, cuyos catálogos acostumbran a estar especializados en la temática de la que tratan. Seguramente puedas consultar estos catálogos en sus páginas web. Si tu labor investigadora está en relación con la temática de un museo o sabes que hubo una exposición sobre aquello que necesitas documentarte, es más que probable que también encuentres información en estos espacios.

4. Bibliografía digitalizada: Cada vez son más los títulos que están siendo digitalizados, sobre todo aquellas publicaciones más antiguas que eran más delicadas y, por tanto, de más difícil acceso. Pero no queda ahí este avance tecnológico, sino que hay otras instituciones científicas que ofrecen de forma gratuita libros y revistas para su consulta y descarga online. Dos ejemplos: si lo que buscas son los primeros catálogos del Museo del Prado de Luis Eusebi, basta con que los busques en la web de su biblioteca, mientras que si quieres consultar una noticia de un periódico, quizás la puedas encontrar en la hemeroteca de la Biblioteca Nacional de Madrid.

Cuando consultes catálogos bibliográficos en la web, no estaría de más que miraras qué publicaciones te ofrecen para descargar. Te pueden ser útiles tanto para tus trabajos o investigaciones como para saber qué títulos tienes disponibles para leer en tus ratos libres.

RECURSOS WEB

1. Dialnet: Un recurso web que debes anclar a tu barra de marcadores es Dialnet. Desarrollado por la Universidad de la Rioja, se trata de un metabuscador de publicaciones, ya sean revistas, tesis o libros.

En él puedes realizar búsquedas con diversos parámetros que te darán una serie de resultados. Si realizas la búsqueda sencilla, podrás ordenar los resultados posteriormente por tipo de publicación: artículo de revista o de libro, tesis o libro. En esta pantalla de resultados, debajo de los datos bibliográficos de cada título, se te informará de si existe un resumen del texto o si se encuentra el texto completo en formato digital, en cuyo caso lo podrás descargar y consultar en tu ordenador.

Otro punto a favor de Dialnet es que, cuando aparece un artículo de una publicación periódica en los resultados de búsqueda, te permite ir al índice de la misma haciendo clic en el nombre de la publicación, con lo que podrás consultar qué se ha publicado en cada número. Al mismo tiempo, te permite enlazar con Rebiun.

2. Rebiun: Rebiun (Red de Bibliotecas Universitarias) es otro metabuscador que te permite saber los títulos que existen en todas las bibliotecas universitarias de España y en las de otras instituciones como la Biblioteca Nacional, el Instituto Cervantes, la Casa Velázquez… Si no encuentras en la biblioteca de tu universidad el título que buscas, tal vez te sea útil buscarlo en esta plataforma, sobre todo si tienes acceso a otra biblioteca cercana.

3. Herramientas y aplicaciones: Tanto en la web como en plataformas para dispositivos móviles podrás encontrar gran cantidad de recursos y aplicaciones que te pueden ayudar a organizar tus materiales. Un ejemplo es Zotero. Se trata de una herramienta gratuita para Mozilla Firefox que te permite guardar, ordenar, citar y compartir tus fuentes, algo bastante complejo cuando manejas cientos de ellas para un trabajo de investigación que requiere de una bibliografía extensa.

Otro escenario probable es que se te ocurran ideas acerca del trabajo sobre el que estés investigando y necesites apuntarlas. Antes de la era de la comunicación era habitual llevar un papel y un bolígrafo, aunque era frecuente que ese papel se acabara perdiendo. Por ello te recomendamos que uses aplicaciones para el smartphone en las que puedas apuntar esta información. Por defecto suelen traer un bloc de notas, aunque hay otras, como Google Keep, que te permiten más opciones. Pero si lo que deseas es escribir un párrafo, la recomendación es que tengas alguna plataforma de almacenaje en la nube. Hay algunas opciones básicas gratuitas, como Google Drive, OneDrive o Dropbox, que son bastante sencillas de usar y de las que hablaremos más adelante (*ver capítulo 10*).

LA IMPORTANCIA DE CITAR CORRECTAMENTE

A pesar de que tu trabajo esté bien construido, sea interesante, aporte datos e innove, si no tiene una buena bibliografía que lo respalde y la cites bien, ve olvidándote de sacar buena nota, ya que va a ser lo primero que te vayan a criticar. Hay dos aspectos a tener en cuenta en relación a la bibliografía dentro de un trabajo: las notas al pie y la bibliografía final.

1. Notas al pie: Las notas al pie sirven para identificar las fuentes de donde tomas la información que aportas como, por ejemplo, citas textuales o datos precisos que quizás alguien quiera comprobar o conocer su fuente. Para enlazarlos, se coloca en el texto —al final de la palabra, frase o párrafo clave— un número que coincidirá con el de su nota correspondiente.

En tu procesador de textos tiene que haber una opción que sea «Insertar > Nota al pie» (o algo similar, dependiendo de cuál uses); cada vez que el texto requiera una nota debes acudir a esta opción, que las enumerará automáticamente. Además, colocará el número junto a la palabra y también en el pie de la página, que es donde deberás escribir la referencia. ¡Atención!: una nota al pie, en ningún caso, justifica el plagio de otra obra, por lo que manéjalas con cuidado y solo cuando sean verdaderamente necesarias.

En cuanto a la manera de citar, hay varias posibilidades, pero dentro de los trabajos de historia e historia del arte lo más genérico es hacerlo del siguiente modo (aunque no está de más que preguntes a tu profesor antes de comenzar a citar):

- Libros: APELLIDO-1 APELLIDO-2, INICIAL DEL NOMBRE., *Título del libro*, página(s).

- Artículos: APELLIDO-1 APELLIDO-2, INICIAL DEL NOMBRE., «Título del artículo», *Título de la publicación*, n° (en caso de publicaciones periódicas o series), página(s).

2. Bibliografía final: La bibliografía final, por su parte, sirve para que el lector sepa qué publicaciones y documentos has utilizado para confeccionar el trabajo. No tienen por qué aparecer en las notas al pie, ya que te han podido servir simplemente para extraer una información general que te ha llevado a sacar tus propias conclusiones.

En la bibliografía, la información que se aporta sobre cada publicación es más extensa que en las notas al pie, ya que en las notas al pie tan solo se dan los datos necesarios para poder encontrar la publicación en la bibliografía final. Existen varios modos de citar, uno de ellos así:

- Libros: APELLIDO-1 APELLIDO-2, NOMBRE, *Título del libro*. Ciudad de publicación, año de edición del libro, editorial.

- Artículos: APELLIDO-1 APELLIDO-2, NOMBRE, "Título del artículo", *Título de la publicación*, n° (en caso de publicaciones periódicas o series), año de publicación del número. Ciudad, editorial.

Dentro la bibliografía final es frecuente que tengas varias publicaciones de un mismo autor y tengas que ordenarlas. En estos casos, lo más habitual es que las ordenes por orden cronológico inverso, es decir, del texto más nuevo al más antiguo, aunque también hay quien las ordena por orden alfabético del título de las obras. Como te decíamos anteriormente, lo mejor es que preguntes a tu profesor y que él te aconseje.

En esta bibliografía no pongas cualquier libro que haya caído en tus manos durante tu investigación. Habrá algunos que, aunque los hayas leído, no te hayan servido para nada, por lo que no es necesario que los incluyas. Recuerda que no por tener más entradas en una bibliografía final te van a poner mejor nota e, incluso, puede ser contraproducente.

10. TRATAMIENTO DE IMÁGENES

La finalidad de la historia del arte es comprender, analizar e interpretar las creaciones artísticas desde la prehistoria hasta nuestros días. Para comprender una obra de arte y su contexto histórico-artístico, el historiador del arte se ha servido siempre de la ayuda de un recurso imprescindible: las imágenes. De hecho, sin imágenes nos resultaría bastante difícil poder interpretar una obra de arte.

A continuación te indicamos algunos consejos prácticos sobre su utilización, desde su correcta búsqueda en Internet hasta cómo almacenarlas para que no nos ocupen demasiado espacio e, incluso, algunos consejos sobre cómo realizar una adecuada presentación.

BANCOS DE IMÁGENES

Actualmente, y sobre todo con la aparición de nuevas tecnologías, se ha visto necesario el uso correcto y legal de las imágenes que compartimos en Internet. Si queremos redactar una entrada en un blog o un artículo científico en alguna revista digital, vamos a necesitar descargarnos imágenes que no contengan derechos de autor. Esto quiere decir imágenes que puedan usarse libremente. La manera más sencilla para descargárselas es mediante bancos de imágenes: portales que cuentan con infinidad de imágenes ordenadas por categorías y que pueden usarse libremente. A continuación te ofrecemos una pequeña lista de los bancos de imágenes más sencillos que te pueden ser de gran utilidad:

1. Wikiart: Se trata de una enciclopedia visual de arte muy completa. En ella puedes buscar imágenes de obras de arte por técnica, estilo, género... o por el nombre del artista, siglo, movimiento, escuela, etc.

2. The Athenaeum: También podrás encontrar imágenes sin derechos de autor a través del nombre del artista, del museo del que procede la obra, etc. Un dato llamativo y bastante interesante es que en este banco de imágenes puedes encontrar incluso una larga lista de mujeres artistas.

3. Wikimedia Commons: Es un depósito multimedia creado y mantenido por voluntarios que contiene fotografías, diagramas, dibujos animados, audios, vídeos y archivos multimedia. Te permite usar cualquier archivo, copiándolo y modificándolo, siempre que cites la fuente y el autor del mismo.

4. Olga's Gallery: Se trata de otro portal online que cuenta con más de 15 mil obras de arte. Contiene, además, detallada información sobre los artistas más conocidos.

5. Artcyclopedia: Este portal cuenta con una amplia lista de museos y galerías de arte que enlazan a su vez con unas 180 mil obras de arte y con 8 mil artistas de renombre. Además, puedes encontrar una lista de galerías de arte y de casas de subasta.

6. Google Imágenes: Si quieres descargarte imágenes sin derechos de autor directamente desde Google, tendrás que buscar aquellas imágenes que se puedan compartir o utilizar libremente. Para ello, tienes que acceder a «Herramientas de búsqueda > Derechos de uso» (en la parte superior de la pantalla). Una vez allí, puedes elegir qué tipo de derechos de uso quieres que se apliquen dentro de las 5 opciones que se te presentan. Generalmente, con este portal encontrarás pocas imágenes que puedas compartir de artistas o de sus obras más conocidas.

7. Flickr: Se trata de un sitio web que permite almacenar, ordenar, buscar y compartir fotografías o vídeos a través de Internet. Permite, además, realizar búsquedas de imágenes por etiquetas, por fecha y por licencias Creative Commons.
Aunque todos estos portales generalmente ofrecen imágenes

sin derechos de autor, te aconsejamos que revises si es así antes de compartir o descargarte cada imagen.

EL ALMACENAMIENTO DE LAS IMÁGENES

Si te estás preparando para convertirte en historiador del arte o ya lo eres, vas a tener que trabajar constantemente con gran cantidad de imágenes. Uno de los problemas que nos podemos encontrar en este sentido es cómo almacenar todas las imágenes que nos interesa guardar.

A veces nos encontramos con que no tenemos suficiente espacio en nuestro ordenador, tablet o cualquier dispositivo electrónico que usemos para trabajar. Puedes albergar las imágenes en un disco duro externo, pero si no cuentas con ello o necesitas tenerlas en un sitio donde puedas compartirlas, hay plataformas en Internet donde puedes almacenarlas. La única desventaja es que el espacio es limitado, por lo que hay que pagar una tarifa si necesitas más.

1. Dropbox: Se trata de un servicio que te permite albergar gran cantidad de imágenes y, a su vez, compartirlas de forma sencilla con otros dispositivos. Además de poder disponer de todos los archivos ordenados por carpetas, todos los que guardes estarán protegidos por una copia de seguridad. La cuenta gratuita tiene una capacidad inicial de 2 GB, pero puede alcanzar hasta 16 GB: 500 MB extra cuando una persona invitada por el usuario para utilizar Dropbox instala en su equipo la aplicación.

2. Google Drive: Es otro servicio de almacenamiento de archivos. Si eres usuario de cualquier otro servicio de Google, no necesitarás una cuenta específica para Google Drive, ya que forma parte del mismo paquete de aplicaciones web. Cada usuario cuenta con 15 GB de espacio gratuito para almacenar archivos. Una vez completes esos 15 GB, puedes ampliar el espacio mediante diferentes formas de pago. Uno de los atractivos de este servicio es que posee un potente buscador con el que puedes encontrar con facilidad cualquier tipo de archivo.

3. One Drive: Es un servicio de almacenamiento gratuito en la nube que viene incluido en la cuenta de Microsoft. Es como una unidad de disco adicional disponible desde todos los dispositivos. Actualmente este servicio ofrece 15 GB de almacenamiento gratis. También puedes instalarte una herramienta ActiveX, que permite arrastrar un número ilimitado de archivos directamente desde el explorador de Windows.

4. SkyDrive: Al igual que sucede con Google Drive, si tienes una cuenta con Hotmail, Microsoft Office o Outlook, no necesitas otra. Este servicio ofrece 7 GB de espacio gratuito y, en caso de que necesites más, puedes adquirir espacio de almacenamiento extra, como en los demás servicios. Una de las desventajas de esta plataforma es que no puedes subir archivos de más de 2 GB, pero puedes compartirlos con otras personas e incluso publicarlos en Facebook, LinkedIn o Twitter.

5. Box: Ofrece un almacenamiento gratuito de 10 GB si te registras en la página web. Este servicio, además, te permite tener tres tipos de cuenta: empresarial, comercial y personal. En función del tipo de cuenta, Box tiene unas características determinadas, como capacidad de almacenamiento ilimitada o personalización de marca. Con Box puedes editar archivos, compartirlos y dar acceso a otros usuarios para verlos.

PRESENTACIONES CON DIAPOSITIVAS

Las imágenes, aparte de ayudarte a estudiar o acompañar tus textos escritos, también acompañarán las exposiciones orales de tus trabajos. Seguramente el programa que más uses para realizar una presentación de diapositvas sea PowerPoint, un programa de Microsoft Office donde puedes combinar imágenes y textos. Para obtener una buena presentación, te señalamos algunos aspectos fundamentales que debes tener en cuenta:

1. Organización: La presentación deberá ser coherente y deberá seguir el mismo esquema que el trabajo. Una buena presentación en PowerPoint debe estar bien estructurada por bloques, con una introducción, un desarrollo y una conclusión. Recuerda que cuanta menos información des a tus oyentes, mejor podrán recordar tu presentación.

2. Texto: En PowerPoint aconsejamos no utilizar demasiado texto. Debe ser sobre todo un apoyo visual para tu exposición oral. Si quieres insertar texto, la mejor opción es utilizarlo de forma esquemática, reservándolo para los títulos de cada apartado y para indicar los puntos principales de tu exposición. Te aconsejamos que el texto que incluyas sea siempre directo y sencillo: intenta que tus frases no sean demasiado largas.

3. Diseño: Tienes que cuidar muy bien el aspecto de tu PowerPoint con un diseño sencillo y claro. Intenta definir una plantilla homogénea para tu presentación. La letra que elijas para el texto tendrá que ser la misma en todas las diapositivas, al igual que los colores. Deberás evitar los colores fuertes y chillones. También es importante elegir una buena combinación entre el color del fondo y el color de la letra del texto. Intenta, además, evitar insertar demasiados colores en una única diapositiva.

4. Citar las imágenes: Las imágenes deben ser el elemento principal de tu PowerPoint y estar relacionadas con la presentación oral que estés realizando. Las imágenes tienen que tener un título y, si se trata de una obra de arte, deberás indicar el autor, título, medidas, año de ejecución, lugar donde se encuentra actualmente... La mejor manera de citar la imagen es hacerlo de la misma manera que lo harías al citar una fuente bibliográfica de cualquier trabajo de investigación (*ver capítulo 9*).

11. BECAS

La obtención de becas durante tus años de universidad es algo fundamental para tus estudios. No hablamos de las becas generales que simplemente te cubren los gastos de matrícula – que también pueden ser muy importantes–, sino de las becas que te permiten ampliar tu formación y tu experiencia. Serán de gran importancia de cara al futuro y a la hora de labrarte un currículum profesional.

Existen diferentes tipos de becas según lo que quieras hacer y en muchos casos van a tener en cuenta tu nota media, de modo que si quieres aprovechar estas oportunidades te va a tocar esforzarte:

1. Becas de colaboración: Normalmente destinadas a los estudiantes de los últimos cursos, las becas de colaboración te van a permitir llevar a cabo diferentes labores de tu facultad. Por lo general consisten en trabajos de apoyo en los departamentos y a veces incluyen, al mismo tiempo, el desarrollo de un pequeño proyecto de investigación. Por eso están especialmente recomendadas para aquellos que quieran continuar después por la vía de la investigación y realizar una tesis doctoral. El Ministerio de Educación, Cultura y Deporte ofrece este tipo de becas, aunque también hay muchas universidades que cuentan con su propio programa de becas de colaboración.

2. Becas de movilidad: Hay becas que te permiten, durante unos meses o un año entero, cursar tus estudios en otras universidades. Algunas, como la Séneca, son para desplazarse a otras universidades dentro de España. Con las becas Erasmus puedes ir a alguna otra universidad dentro de Europa, lo cual es perfecto para profundizar en el conocimiento de alguna lengua extranjera.

Disfrutar de alguna beca durante la carrera es una gran oportunidad, no solo por los ingresos económicos que supone, sino por toda la experiencia y los conocimientos que puedes llegar a adquirir. De cara al futuro y a la búsqueda de empleo, estas becas completarán tu currículum y te ayudarán a demostrar una más amplia experiencia profesional y un más profundo conocimiento de idiomas.

Fuera de la universidad

12. AUTOFORMACIÓN

Ser autodidacta es esencial en cualquier materia, pero más aún en algo tan inabarcable como la historia o el arte. ¿No te ha pasado nunca que has estado leyendo un artículo en la Wikipedia y has ido haciendo clic de un enlace a otro hasta no acordarte de cuál era el artículo de origen? Pues ese interés es el que te debe mover en materias histórico-artísticas.

Debes leer siempre textos que estén bien fundamentados y que sean lo más actuales posible. Si lees un libro de mitad del siglo XX, es probable que su información pueda haber estado muy bien cotejada en su momento, pero puede estar completamente desactualizado en el presente porque existan nuevas investigaciones acerca de ese tema. La información la puedes encontrar en diversos lugares:

1. Bibliotecas: No hace falta gastar grandes cantidades de dinero para estar bien informado. Basta con ir a la biblioteca de tu universidad, de la que te deberían facilitar el carnet para poder realizar consultas tras haberte inscrito en el primer curso. Allí tendrás a tu disposición publicaciones de cualquier asignatura que estés cursando. Nuestro consejo es que consultes al menos una publicación por asignatura, lo que te dará una visión mucho más global y completa que la del material obtenido en clase. Si te parece poco motivador, piensa que en los libros puede estar aquella información que te despierte el interés por esa asignatura que te parecía tan aburrida.

2. Publicaciones periódicas: Otro complemento para ser autodidacta y completar información son los artículos de revistas. La gran mayoría de facultades cuentan con revistas especializadas en las que sus profesores publican regularmente sus investigaciones, además de que seguramente en la biblioteca de la facultad haya ejemplares de revistas de otras instituciones. Estos artículos son mucho más rápidos de leer que un libro y en ocasiones los puedes encontrar en Internet. Al ser más cortos podrás abarcar más, pero también son más puntuales, así que aprende a medir bien tus propias necesidades formativas y el tiempo del que dispones para consultar este tipo de publicaciones, ya sean libros o artículos, y nunca dejes de consultarlos.

3. Documentales: Por otro lado, cuentas con el recurso de los documentales. Necesitan una atención un tanto menor que la lectura, pero ándate con cuidado en el momento de elegirlos como fuente de información. Infórmate de qué institución es la que ha promovido su realización y qué profesionales aparecen en ella. Si en el documental no aparece ningún profesional adscrito a una universidad independiente de alguna ciudad, duda de lo que esté diciendo. Poco a poco, te irás dando cuenta de qué documentales son buenos y cuáles no, ya que es muy fácil falsear un documental con grandes efectos especiales, más típicos de la ciencia ficción que de la realidad.

Este tipo de formación debe convertirse en rutina, para que en algún momento de tu carrera profesional sea tu nombre el que aparezca firmando un artículo, un capítulo, una ficha artística o un libro completo. La autoformación es caprichosa, comienza normalmente como complemento de las materias que cursas y nunca sabes a dónde vas a llegar. Lo que hoy te parece poco atrayente en un futuro se puede convertir en tu línea de investigación o al revés, lo que lees hoy porque te encanta puede dejar de tener tanto interés en el futuro.

Sea como fuere: lee, lee, lee.

13. ADQUIRIR EXPERIENCIA

Aprovechar los años de universidad para adquirir algo de experiencia profesional puede ser una buena idea. Existen varias vías para hacerlo, aunque lo más normal es que se trate de un puesto no remunerado en el que cambies trabajo por formación:

1. Campos de trabajo: Los campos de trabajo pueden ser muy importantes en tu desarrollo personal y profesional. Por un lado, son útiles para ir entrando en contacto con algunas profesiones e ir adquiriendo experiencia. Por otro, te permitirán conocer a gente, viajar y practicar idiomas.

Si buscas campos de trabajo relacionados con el mundo del patrimonio, poco a poco irás ganando una experiencia que después será fundamental para tu inserción en el mundo laboral. Puedes participar en los campos de trabajo que organizan las propias universidades, como las excavaciones arqueológicas, o apuntarte a algún programa de voluntariado (nacional o internacional) relacionado con la rehabilitación del patrimonio y la difusión cultural. Esta experiencia enriquecerá tu currículum, ya que con ella podrás demostrar conocimientos prácticos en diversos ámbitos.

Pero no solo adquirirás experiencia profesional, sino que será la excusa perfecta para entrar en contacto con gente con la que compartas intereses, para viajar y conocer mundo, aprender idiomas, etc. Serán experiencias vitales de gran importancia que te enriquecerán personalmente y te ayudarán a ver la vida con otros ojos. Los años de universidad son la época perfecta para participar en este tipo de actividades y hay que aprovechar la oportunidad.

2. Prácticas en empresas: Realizar un periodo de prácticas es otra opción muy interesante. Generalmente las universidades ofrecen vías para poder acceder a ellas, a veces a través de alguna asignatura en concreto o mediante programas de prácticas más generales y, casi siempre, dentro de sus programas de máster. También existen becas destinadas a la realización de prácticas en empresas (a nivel nacional e internacional): aunque muchas van dirigidas a personas que ya han acabado sus estudios, también las hay para estudiantes, como el caso de las becas FARO.

La realización de prácticas es fundamental para empezar a conocer desde dentro el mundo laboral y para contar con una primera experiencia profesional. Aunque no siempre son remuneradas, su presencia en tu currículum te ayudará a abrirte puertas en el futuro. También es importante porque con ellas puedes empezar a establecer ciertos contactos profesionales con empresas y trabajadores del sector, y los contactos son algo básico para desenvolverse en este ámbito.

14. FORMACIÓN NO REGLADA

Es muy importante que, en paralelo al grado, vayas realizando diferentes cursos con los que ir completando tu formación. Estos cursos te pueden servir para ampliar los conocimientos sobre historia del arte, pero sobre todo para ir adquiriendo otros conocimientos complementarios a la formación universitaria y que después te serán muy útiles para tu vida laboral. Quizás la propia universidad ofrezca algunas opciones como, por ejemplo, los programas de cursos de verano, pero encontrarás una amplia oferta fuera de ella.

Tienes que tener en cuenta que toda esta formación te será esencial en el futuro para abrirte paso en el mundo laboral. Con ella te irás forjando un perfil profesional propio y especializado que marcará la diferencia con otras personas que también se hayan graduado en Historia del Arte. Pero no solo personalizarás tu currículum, sino que adquirirás habilidades que después te serán fundamentales para desarrollarte profesionalmente, pues la formación académica en historia del arte no es suficiente si miras más allá de unas oposiciones o la investigación.

Existen muchos centros en los que formarse y muchos ámbitos en los que hacerlo. Dentro del ámbito específico de la historia del arte puedes buscar cursos en estos centros:

1. Museos y centros de arte: Muchos museos y centros de arte desarrollan una potente línea educativa que va más allá de las visitas y talleres destinados a un público general y que se enfoca a los profesionales del sector. En ellos podemos encontrar desde cursos y ciclos de conferencias hasta másteres.

Los cursos y ciclos de conferencias que ofrecen los museos suelen girar en torno a su colección y a sus exposiciones temporales, de modo que es una interesante alternativa para adquirir formación especializada en un periodo o ámbito concreto. En este sentido, podemos destacar el Centro de Estudios del

Museo del Prado y su oferta de simposios y cátedras. Otros centros de arte y cultura, aunque no tengan una colección permanente, también desarrollan una línea educativa. Este es el caso del CCCB (Centre de Cultura Contemporània de Barcelona) que, en colaboración con el Institut d'Humanitats de Barcelona, cuenta con una amplia oferta formativa en el ámbito de las humanidades.

Por lo que respecta a los másteres, también suelen ofrecer formación especializada en ámbitos estrechamente vinculados a la colección del museo, pero los hay, asimismo, que abordan cuestiones más prácticas como la museografía, la gestión del patrimonio o la conservación. Es frecuente que estos másteres se desarrollen en colaboración con las universidades, lo cual que demuestra que los lazos entre ambas instituciones se están estrechando. Podemos destacar, como ejemplo, los másteres que ofrece el Centro de Estudios del MNCARS.

2. Academias privadas: Aunque no tan abundantes como en otros ámbitos, también existen academias privadas que ofertan cursos sobre arte y otros campos relacionados. Lo bueno de acudir a academias privadas es que te permite diversificar más tus conocimientos y habilidades, ya que en ellas se puede acceder a ámbitos variados que no siempre están presentes en las instituciones públicas.

En este tipo de escuelas puedes cursar estudios de especialización y másteres sobre historia del arte. Su enfoque, además, suele ser más práctico y menos academicista. Si la academia es buena, los profesores serán profesionales del sector y te pondrán en contacto con la realidad del mundo laboral. Eso sí, estudiar por lo privado siempre es más caro. Como ejemplo de esto está el Instituto Superior de Arte de Madrid, que cuenta con una amplia oferta presencial y online sobre aspectos muy variados de la gestión del patrimonio (desde tasación a periodismo cultural).

Matricularte en una escuela también permite adentrarse en ciertos ámbitos vinculados con la historia del arte, pero que estrictamente no forman parte de ella. Conocer, más o menos profundamente, los campos que se relacionan con la historia del arte favorece una visión más amplia del sector y una mayor comprensión de sus problemáticas y sus procesos. Así, puede ser interesante tener ciertos conocimientos sobre restauración, una profesión estrechamente relacionada con el mundo del arte. ECORE (Escola de Conservació y Restauració d'Obres d'Art, Barcelona), por ejemplo, ofrece formación dentro de este campo.

3. Asociaciones de profesionales: Por último, las asociaciones de profesionales del sector del arte también son un buen lugar donde adquirir conocimientos. Estas agrupaciones de trabajadores suelen ofertar cursos sobre diferentes aspectos de su profesión y, normalmente, están abiertos al público general. Lo mejor de estos cursos es tener la certeza de que han sido organizados por personas que viven la cotidianidad de la profesión y, por lo tanto, reflejan las problemáticas del día a día.

Podemos destacar algunos ejemplos, como los talleres de museología de la Associació de Museòlegs de Catalunya o los cursos de la Associació Catalana de Crítics d'Art (ACCA).

Fuera del ámbito específico de la historia del arte hay infinidad de posibilidades, aunque algunas te serán más útiles de cara a abrirte puertas en el mundo laboral. Podemos destacar, por ejemplo, los idiomas (*ver capítulo 15*), el hablar en público (*ver capítulo 16*), la informática, el community management, la redacción y edición de textos, el copywriting, la dinamización de grupos, el protocolo, etc.

No debes olvidar que si quieres encaminar tu futuro profesional fuera del ámbito de la investigación o de las oposiciones, necesitarás conocimientos complementarios a la carrera universitaria. Las universidades pecan de academicistas y no preparan a sus alumnos para enfrentarse a la realidad del mundo laboral, por eso es importante que también te formes fuera de ellas.

15. APRENDER IDIOMAS

Actualmente solo puedes conseguir el grado si tienes un nivel B1 o superior de cualquier idioma de algún estado miembro de la Unión Europea. Sin embargo, y a pesar de las muchas críticas que recibió esta medida cuando se implantó, lamento decirte que tener este nivel de un solo idioma no es suficiente. Necesitarás más nivel en más idiomas:

1. Qué nivel: Como mínimo deberías tener un nivel B2 de alguno de los principales idiomas, y cuando digo nivel no me refiero a tener un título, sino a poder comunicarte eficazmente con otras personas en esa lengua. Aunque es cierto que lo más útil que puedes hacer cuando alcances ese nivel es presentarte a un examen oficial para conseguir la certificación y poder presentarla en becas y solicitudes de trabajo.

2. Qué idioma: Llegados a este punto, tal vez te estarás preguntando qué idioma debes aprender y si tiene que ser el inglés forzosamente. El inglés te va a servir en cualquier momento, ya que es el idioma más difundido en la actualidad y uno de los más solicitados, pero no tienes por qué aprenderlo de forma obligatoria (aunque yo, desde luego, lo recomendaría).

Como primer idioma extranjero te recomiendo que estudies, además de inglés, francés o alemán, aunque esto se tiene que ajustar a tus circunstancias. En otras palabras, si no tienes pensado ir a Alemania, ni trabajar con arte alemán o con turistas germanohablantes, quizás deberías reflexionar si este idioma es tu primera opción. Te he sugerido estas tres opciones porque son lenguas muy difundidas que se hablan en varios países, por lo que las probabilidades de que puedas usarlas son altas.

3. Cuántos idiomas: Lo ideal es que no te limites a un idioma además de tu lengua materna. Si conoces dos idiomas tienes muchas más posibilidades de acceder a un puesto de trabajo o de conseguir información útil para alguna investigación. Obviamente, cuantos más idiomas sepas, más posibilidades tendrás de destacar.

La utilidad de aprender unos idiomas u otros va a depender de tus propias necesidades. Si ves que en tu sector no hay nadie en un puesto similar al tuyo que sepa el idioma X, ese es tu filón; si sabes que hay un número importante de personas de cierta nacionalidad que visitan tu ciudad, sería más que interesante que conocieras esa lengua... Tú eres el único que debe decidir qué idioma estudiar, pero antes de embarcarte en ello, investiga cuáles son las necesidades que existen.

4. Cómo aprenderlo: Un último consejo. Aprende idiomas, pero si te dedicas al mundo de la cultura y del turismo cultural, interésate por conocer el vocabulario específico sobre términos artísticos e históricos. Estos no se suelen enseñar en las academias, ya que, generalmente, los profesores de idiomas son especialistas en filología pero no tienen por qué conocerlos.

Y recuerda: más idiomas = más posibilidades de destacar y conseguir empleo.

16. APRENDER A HABLAR EN PÚBLICO Y A HACER VISITAS GUIADAS

Si enfocas tu formación a la historia del arte, es preciso que seas consciente de que antes o después tendrás que hablar en público, ya sea en una reunión, en un consejo de departamento de una universidad, en una conferencia, haciendo visitas guiadas o vendiendo alguna actividad que hayas creado. Es por este motivo que debes estar preparado para hablar en público sin trabarte, sin ponerte nervioso y con un discurso interesante y adaptado al público al que te diriges. A continuación te damos algunos consejos para que lo consigas:

LA PRÁCTICA

Como siempre digo, nadie ha nacido sabiendo hablar en público y, por lo general, es algo que impone bastante las primeras veces. Hay quien no es capaz de superar el miedo escénico con facilidad, así que lo mejor que puedes hacer es practicar.

1. Practicar con conocidos: Ir de 0 a 100 es poco recomendable, por lo que sería interesante que empezaras con personas a las que conoces bien, ya sean amigos o familiares, conocedores del arte o no. Lo importante es pedirles que sean críticos contigo, ya que sus consejos y opiniones, si son constructivos, te ayudarán a mejorar. Después puedes pedirles que traigan a otras personas que no conozcas y de este modo podrás ir desenvolviéndote.

2. Consultar a profesionales: Si no tienes problemas porque eres extrovertido, podrás saltarte algunas de estas prácticas. Aun así, lo mejor es observar a profesionales que tengan más experiencia que tú hablando en público. Si tienes suficiente confianza con ellos puedes incluso pedirles consejos: todos han sido novatos, aunque ahora no se acuerden de su debut.

EL MENSAJE Y SU TRANSMISIÓN

Qué dices y cómo lo dices es, obviamente, fundamental para alcanzar el éxito.

1. Orden y coherencia: Tu mensaje tiene que ser coherente de principio a fin. No puedes comenzar hablando de la construcción de tal o cual catedral y acabar hablando de grapadoras. No tiene sentido. Tu discurso tiene que tener un comienzo, un desarrollo y un final y tú eres el que lo guías.

2. Fiabilidad: Tu mensaje nunca puede perder su fiabilidad. Ten en cuenta que estás contando historia, no historias, y hasta las leyendas y los mitos tienen su base real. La fiabilidad no significa que aportes datos bibliográficos, no hace falta comentar qué profesor investigó qué tema o qué publicación habla sobre qué detalle. Esos datos son personales y, a menos que alguien te pregunte específicamente sobre ellos, no tienes por qué traerlos a colación porque perderías fluidez. Solo menciónalos si son verdaderamente necesarios. Si estás en una conferencia científica en la que tu discurso va asociado a la publicación de un artículo, el lugar de estas consideraciones son las notas al pie.

3. Tono: El tono es muy importante, porque te servirá para dirigir tu discurso, hacer énfasis en datos puntuales, captar la atención, interrogar para establecer una incógnita o arrancar un debate. En definitiva, es la banda sonora de lo que cuentas, así que úsalo con precaución.

4. Enumerar para ordenar datos: Una buena forma de que no se pierdan tus oyentes cuando abordes listados es enumerar. Di el número y después enumera con los dedos.

5. La broma de entrada para atraer la atención: Esto va a depender mucho de las características del grupo, pero algunas veces puedes decir alguna broma o contar una anécdota sobre el tema del que vayas a hablar para romper el hielo y atraer la atención. Te pongo un ejemplo: en una conferencia que impartí sobre recursos didácticos en los museos, comencé hablando del British Museum y la relación que tenía Sir Hans Sloane con el chocolate.

Sin embargo, abusar de ello es totalmente contraproducente. Ya lo decía el refrán: «Más vale caer en gracia que ser gracioso». Así que, si vas a soltar alguna broma, estate muy seguro de que esa broma funcionará, porque si te equivocas con ella es muy difícil recuperar a tu público.

EL PÚBLICO

Tener en cuenta a tu público es imprescindible a la hora de construir el mensaje y de establecer una comunicación.

1. El perfil del público: Justo después de plantearte qué mensaje quieres transmitir, tienes que analizar el grupo al que te diriges, ya que no es igual hablar para un público conocedor del tema, para un grupo escolar, para un grupo local o para un grupo de turistas. Tu guión debe adaptarse a las necesidades de tu audiencia. Por ejemplo, para un grupo de tu ciudad puedes pasar por alto ciertos detalles que intuyes que ya saben, mientras que para otro grupo de fuera tendrás que aportar a tu discurso datos que ayuden a contextualizarlo.

2. Responder preguntas: Es muy frecuente que te hagan preguntas. Contéstalas, pero sólo si sabes la respuesta. No pasa nada si no la sabes, no tienes por qué saberlo todo. Además, es una buena ocasión de interactuar con tu público si le pides el correo electrónico y le contestas por esta vía a posteriori.

3. Las críticas posteriores: Tanto si estás hablando en un contexto científico como si lo haces en otro más informal, es natural que recibas críticas. Si defiendes una tesis o un trabajo de fin de máster, lo normal es que te hagan correcciones, observaciones y críticas. Si estás con un grupo realizando alguna visita guiada, aunque es menos frecuente, también te las pueden hacer.

Pero esto no tiene por qué ser malo. Recibe las críticas con consideración. En una tesis o trabajo de fin de máster, recuerda que quienes te valoran son investigadores con mucha más trayectoria que tú y, aunque creas que tu investigación es perfecta, probablemente no sea así y haya cosas, aunque sean pequeños flecos, que mejorar. Respecto a las visitas culturales o turísticas, piensa que las críticas te las puede hacer cualquier persona del grupo, sin que sepas cuál es su formación, así que escúchalas y agradece los comentarios. Cuando vuelvas a tu casa o a tu oficina considéralas y analiza si son críticas constructivas y, por lo tanto, sirven para mejorar o son críticas sin más misión que la de criticar por criticar y, por lo tanto, no sirven para nada (hay muchas personas que tienen ese vicio). En cualquier caso, no te metas en discusiones con la persona que te realiza los comentarios, ya que no vale la pena.

TÚ MISMO

Tú también formas parte del discurso y tu aspecto y tu gestualidad ayudan a construirlo.

1. Los brazos (el truco del bolígrafo): No eres un robot y, a menos que tengas algún problema que te impida mover los brazos, úsalos. Úsalos para señalar, para medir, para indicar movimientos, gestos, etc. Si te pones muy nervioso, puedes llevar contigo un bolígrafo (ojo con que no sea de pulsador para evitar hacer ruido), un lápiz o algo similar. No saber qué hacer con las manos es un problema y esto te las mantendrá ocupadas. Si no, te puedes sujetar el meñique: parece una tontería, pero te distrae inconscientemente y te relaja para continuar hablando.

2. Buena presencia: Cómo vistes es parte de tu identidad y dice mucho de ti mismo. Es lo primero que van a ver de ti las personas que después te van a escuchar, de modo que viste correctamente. No hace falta que vayas de etiqueta como si fueras a una celebración, pero ve correctamente vestido. Nada de chándal o camisetas cutres y ve bien peinado y aseado. Parece que es algo lógico, ¿verdad?

Estos son solo algunos consejos que te ofrezco desde mi humilde experiencia personal y recuerda que no sirve de nada conocer mucho si después no eres capaz de transmitirlo. Por ello, hablar bien en público tiene que ser algo que no te cause estrés, sino algo a lo que deberías enfrentarte con naturalidad.

DESPUÉS

Seguir formándose

17. MÁSTERES Y CURSOS DE POSGRADO

Una alternativa al acabar los estudios de grado es seguir formándose en la universidad y cursar un máster o algún otro estudio de posgrado. Pero hay que evitar seguir estudiando por inercia, cosa que nos suele ocurrir en la mayoría de los casos. Lo mejor es que te plantees unos objetivos claros y te marques una ruta a seguir para alcanzarlos, la cual puede pasar o no por unos estudios de posgrado.

1. Másteres: El paso por un máster es obligatorio solo si quieres realizar un doctorado o presentarte a unas oposiciones de educación. También son una opción para especializarse, pero no la única.

Existen dos tipos de másteres, cuyas diferencias es muy importante que conozcas: másteres oficiales (ajustados a los criterios del EEES) y títulos propios (ofrecidos por los centros educativos de modo particular). *Ver tabla en página siguiente.*

	Máster Oficial	Título Propio
Título ajustado a los criterios del Espacio Europeo de Educación Superior (EEES)	Sí	No
Reconocimiento en todos los países miembro de la UE	Sí	No
Acceso al doctorado	Sí	No
Oposiciones y concursos de la Administración Pública	Puntúa como postgrado (mayor puntuación)	Puntúa como formación continua (menor puntuación)
Reconocimiento por la empresa privada	Sí	Sí
Orientación	Sobre todo hacia la investigación	Sobre todo hacia los ámbitos profesionales.

Pero también es cierto que, sea cual sea la razón que te lleve a hacer un máster, este tiene grandes ventajas. Un máster permite especializarse y poder demostrarlo con un título, el cual, en el caso de los másteres oficiales, tiene un reconocimiento oficial a nivel internacional. Permite, asimismo, adquirir experiencia tanto a través de las prácticas como del proyecto final.

Sin embargo, también cuenta con ciertos aspectos negativos que pueden provocar gran decepción a quien se lanza con ilusión a hacer un máster. Especialmente en el caso de los másteres oficiales, el gran problema es que el profesorado es el mismo que imparte las asignaturas del grado. De este factor decisivo derivan algunos de los mayores inconvenientes, como la repetición de metodologías y contenidos ya vistos en el grado, el exceso de academicismo o la escasez de profesionales con los que establecer contactos. Antes de hacer un máster lo mejor es que analices con lupa el programa, las metodologías y el personal docente para saber a qué te estás enfrentando y puedas tomar la mejor decisión.

2. Cursos de posgrado: No podemos olvidar que el máster no es la única opción que existe si quieres seguir estudiando, ya que las universidades ofrecen otros tipos de cursos de posgrado. Son cursos también destinados a los graduados, pero con menor número de créditos que los másteres y, por lo tanto, más breves. Por lo general ofrecen una especialización en aspectos bastante concretos y ajustados a las demandas del mundo laboral, lo cual los hace muy útiles de cara a desarrollar una profesión. No son una mala alternativa al máster, ya que no llevan tanto esfuerzo ni tanto gasto y permiten adquirir conocimientos especializados.

En resumen, seguir estudiando en la universidad es una gran ocasión para adquirir unos conocimientos y unas capacidades que favorecen un gran enriquecimiento personal, además de ofrecer un título que permite seguir algunos caminos concretos, como el doctorado. Es una muy buena alternativa, pero que solo es útil si realmente se ajusta a los objetivos marcados: no hay que sentirse obligado a hacerlo. Existen otras vías para seguir formándose y ganar experiencia que no pasan necesariamente por los estudios universitarios. Otras habilidades y otras capacidades (*ver capítulo 15*) pueden ser extremadamente útiles para abrirse puertas en el mundo laboral y su aprendizaje no tiene por qué realizarse dentro del ámbito universitario.

18. DOCTORADO

Puede que estés acabando la carrera o que ya la hayas terminado, que hayas hecho un máster o que hayan pasado unos años desde que terminaste los estudios y te estés planteando continuar haciendo el doctorado, es decir, el tercer y último ciclo de formación universitaria. Debo decirte que es una gran opción, pero muy dura. Tienes que tener muy claro que de verdad es lo que quieres, ya que es una carrera de fondo que va a ocupar varios años de tu vida. Vas a trabajar en tu tesis a jornada completa durante mucho tiempo, por lo que te va a costar mucho conciliar tu vida personal y laboral con el doctorado. Así que, si no estás muy seguro de qué es lo que realmente quieres, puede que no debas hacerlo. A continuación tratamos algunos aspectos importantes a tener en cuenta:

SALIDAS PROFESIONALES

Ser doctor no implica, a priori, tener más facilidades para optar a un trabajo. Sin embargo, sí facilita algunas cuestiones, especialmente si quieres opositar o presentarte a concursos y convocatorias públicas, puesto que lograrás más puntos que un licenciado o graduado.

Por otra parte, sí es un requisito básico si lo que te interesa es ser profesor de Historia del Arte en la universidad. A día de hoy, es prácticamente imposible lograrlo sin el título de doctor, tanto en España como en la mayoría de países hispanoamericanos y de la Unión Europea.

ACCESO

1. Máster oficial: Debes comenzar por hacer un máster oficial, ya que en la actualidad es la vía de acceso al doctorado. Este sistema lleva vigente unos años y hasta entonces había que conseguir un título, el DEA (siglas de Diploma de Estudios Avanzados), compuesto por la superación de unas asignaturas y de la tesina. Ahora el DEA ha sido sustituido por un máster oficial. De este modo, los estudios de doctorado se dividen en dos partes fundamentales: los cursos y la tesis. Ya hemos precisado que la primera parte constituye un máster y, una vez superado, hay que matricularse directamente para la realización de la tesis doctoral.

2. Solicitud de admisión y matrícula: El primer paso tras el máster es solicitar la admisión al programa de doctorado elegido y, una vez concedida, hay que matricularse. En las webs de las universidades están los calendarios, los criterios de admisión específicos, los posibles complementos de formación y demás condiciones concretas.

3. Programa de doctorado: En el programa actual, el doctorado dura tres años a tiempo completo y cinco a tiempo parcial, con posibilidad de dos prórrogas cada uno, que son de dos años para el primer caso y de tres para el segundo.

4. Compromiso documental, PI y DAD: Durante el primer año, hay que presentar una serie de documentos: el compromiso documental, el plan de investigación (PI) y el documento de actividades del doctorando (DAD). Familiarízate con estos dos últimos porque hay que actualizarlos anualmente y tienen que ser evaluados por una comisión académica. Son un control de cómo va la investigación, de cómo te estás organizando y de qué actividades paralelas estás realizando. De todas maneras, lo mejor es que te informes de cómo funcionan estas cuestiones en tu universidad, porque a veces hay muchas diferencias en los aspectos administrativos.

BECAS

1. FPU y FPI: Las dos principales becas que se pueden pedir para realizar el doctorado son bastante similares. Se trata de la FPU (Formación de Profesorado Universitario), que depende del Ministerio de Educación, Cultura y Deporte, y la FPI (Formación del Personal Investigador), que es ofertada por las propias universidades.

2. Requisitos: Son becas difíciles de conseguir, puesto que requieren unas calificaciones medias del grado bastante altas, un buen proyecto de investigación y el respaldo de un director de tesis con buen currículum.

3. Duración: Ambas duran cuatro años y se dividen en dos ciclos de dos años. El primero de ellos se dedica exclusivamente a la investigación, mientras que en el segundo esta se intercala con la docencia, dando clases en la universidad.

4. Dotación: Su dotación económica, ligeramente por encima de los 1.000 € al mes, permite que el doctorando no necesite otra fuente de ingresos y pueda dedicar todo su tiempo a sus labores de becario y a su tesis doctoral.

5. Movilidad: Otra de sus ventajas es que permiten los traslados a otros centros de investigación, tanto en España como en el extranjero, aumentando la cuantía de la beca para poder hacer frente a los gastos extra.

6. Convocatoria: Suele haber una convocatoria cada curso, aunque no siempre sale en el mismo momento del año, por lo que hay que estar pendiente para que no se pasen los plazos. Una vez otorgada la beca, hay que enviar anualmente una memoria de seguimiento y alguna otra documentación para verificar que se está cumpliendo con los requisitos.

CÓMO ESCOGER EL TEMA

Las dos grandes decisiones que hay que tomar al comenzar el doctorado son el tema y el director.

1. Elegir especialidad: Lo primero que recomiendo, antes de nada, es plantearte una serie de cuestiones sobre el campo en el que te quieres especializar. Piensa en lo que realmente te gusta, comienza desde lo general y ve acotando: ¿arquitectura, grabado, performance?, ¿qué siglo o estilo?, ¿biografía de un autor, una escuela, un tema iconográfico? Analiza las investigaciones y busca tu hueco: ¿qué puedes investigar? No tienes que llegar tú solo a un tema, que para eso está también el director, pero sí tener una idea lo más precisa posible.

2. **Acotar:** Una vez que lo tengas, una de las cuestiones principales es acotar. Recuerda que cuanto más amplio sea el tema, más posibilidades hay de que no profundices lo suficiente intentando abarcarlo todo. Por muy concreto que sea, una vez que te metas a estudiarlo empezarás a darte cuenta de las posibilidades que tiene y de que es imposible centrarse en todo. Tendrás que dejarte muchas cuestiones en el tintero.

CÓMO ESCOGER DIRECTOR

1. **Por especialidad:** Para el trabajo de fin de máster ya tuviste un profesor que te orientó, pero no tiene por qué ser el mismo que el de tu tesis. Como es lógico, tu campo de especialización y el suyo deberían concordar, aunque no siempre ocurre y tampoco pasa nada. Recuerda que es alguien que tiene que guiarte en cómo investigar gracias a su experiencia, no ser un experto en tu tema. De hecho, llegará un momento en el que sabrás más que él de esa materia en concreto.

2. **Por profesionalidad:** Elige una persona que te parezca un

buen profesional en el plano de las investigaciones. Para ello, debes informarte sobre sus publicaciones y los proyectos en los que participa. Esto es más importante de lo que parece, ya que si quieres optar a alguna beca predoctoral, tus calificaciones tienen casi el mismo peso que su currículum.

3. Por empatía: A la vez, debes considerarlo un buen transmisor de conocimientos y sentir empatía. Piensa que vas a compartir muchas cosas con esa persona y no solo a nivel profesional, puesto que habrá momentos de tensión, de desesperación o de cansancio en los que debe convertirse en tu apoyo y calmarte, así que lo mejor es que seáis afines.

4. Por su modo de dirigir: Su forma de dirigir la tesis también debería serte cómoda, ya que cada profesor es un mundo. Algunos corrigen cada letra que escribes y otros no leen nada, algunos te marcan un estricto calendario de avances y otros esperan a que seas tú el que vaya informándole de cómo va todo. Intenta encajar con esa persona lo mejor posible, porque a partir de estos momentos vas a pasar a ser conocido en la facultad como su doctorando.

5. Hacer la propuesta de dirección: Una vez elegido el profesor, habla con él y pídele que sea tu director de tesis, pero ten presente que puede rechazarte. Es posible que ya dirija varias investigaciones, que tenga mucho trabajo y no tenga tiempo para dedicarte... o cualquier otra posibilidad. Lo más importante es que tengas presente que él no va a tener beneficios económicos ni laborales por aceptarte, por lo que es un honor y un compromiso por su parte.

Cuando vayas a hablar con él, plantéale tus intereses y los temas que te gustan y entre ambos encontraréis el tema al que dedicar tu tesis doctoral. Si te propone uno que no te interesa lo suficiente como para dedicarle al menos tres intensos años de vida, es mejor decirlo en el primer momento (con delicadeza siempre) que arrepentirte después. Subrayo esta cuestión porque es importante: tu tema tiene que encandilarte. Si ya cansa y cuesta trabajando en algo que te encanta, imagínate si no es así.

CÓMO ORGANIZAR EL TIEMPO

1. Fases de trabajo: Puesto que estamos hablando de un trabajo de investigación que dura varios años, hay que establecer cierto orden y unas fases de trabajo amplias: un tiempo para informarte del contexto, para investigar, para organizar la información, para escribir, para corregir... Crea subcategorías de trabajo para tener una visión más concreta de lo que llevas hecho y lo que falta. Por supuesto, estas son líneas generales y depende de tu tema y tu forma de organizarte.

Sin embargo, por lo que he observado en compañeros y en mí misma, recomiendo no ser estricto con los plazos, porque es la primera gran investigación que vas a realizar y no puedes prever el tiempo que vas a necesitar. Es más, parece que siempre faltan algunas semanas, incluso meses, por lo que no te atormentes si no cumples lo que habías previsto. Además, las fases tienden a intercalarse. Cuando estés escribiendo es probable que siga cayendo en tus manos información actualizada o, incluso cuando hayas terminado de corregir y creas que todo está listo, puede aparecer un nuevo artículo o una nueva obra de arte que haya que incluir en alguna parte.

2. La fase final: Es fundamental que dejes varias semanas libres al final, porque se pierde mucho tiempo en las relecturas, en dar unidad a textos que llevas escribiendo unos tres años, en perfilarlo todo y en dejarlo como te gusta. Se recomienda que, una vez terminada la redacción y tras haberla corregido, se deje reposar un mes o dos antes de volver a leerla. En ese tiempo habrás desconectado lo suficiente como para ver algunos errores que se te pasaban por alto. Por supuesto, si algún amigo que sea de la misma carrera quiere corregirte, no lo dudes, «cuatro ojos ven más que dos». Finalmente, si vas a maquetar tú, resérvate también algunas semanas, porque se tarda más de lo que pueda parecer y, además, dependes de que no falle la informática.

CÓMO ARTICULAR EL TRABAJO

1. Empezar a organizar: Creo que el índice de contenidos de tu trabajo no debería definirse en el primer momento, sino después de que hayas profundizado en el estado de la cuestión. Una vez tengas una idea más clara de por dónde van las investigaciones, organiza los bloques y capítulos en los que vas a estructurar tu trabajo y redacta una primera introducción. Ninguna de estas cosas van a ser las definitivas, pero te van a servir para organizar las ideas, ver a dónde quieres llegar, qué puedes incluir en el trabajo y cómo organizarlo. Cambia el índice las veces que sea necesario para que se adecúe a lo que quieres y recuerda que el tribunal solo va a ver la tesis final, no va a reconocer todas estas modificaciones.

Puesto que se trata de un trabajo de humanidades, no hay por qué complicarse con categorías y subcategorías numéricas (por ejemplo, capítulo 2.1.3.b), que terminan complicando más que aclarando. Crea una serie de bloques (de tres a cinco más o menos) y dentro de ellos unos cuantos capítulos, que pueden tener, a su vez, subcapítulos, y ya está. Cuanto más claro sea, mejor para organizarte tú y para que el tribunal tenga una idea general.

Como recomendación, lo último que deberías volver a escribir –una vez finalizada la tesis– son la introducción y la conclusión, y mejor si lo haces de forma paralela, puesto que en la primera declaras tus objetivos y en la segunda explicas si los has conseguido. Estas son las partes principales del trabajo, porque es lo primero y lo último que va a leer el tribunal. La introducción es la primera impresión que van a tener de toda tu tesis, por lo que va a inclinar a favor o en contra el interés y la actitud de los que van a leer el resto de tu trabajo. La conclusión tiene que cerrar todo bien. Todos hemos leído libros, hemos ido a conferencias o hemos visto películas con finales que nos han disgustado y sabemos que esta impresión última es muy difícil de borrar.

2. Introducción: En general, la introducción suele incluir una serie de puntos. En primer lugar, debe explicar el tema del trabajo. Puede que para ti con el título ya sea evidente, pero habría que desarrollarlo en unas líneas, dando explicaciones de dónde has acotado (fecha, espacio geográfico, autores, estilo... lo que sea) y por qué. Por ejemplo, si te dedicas a la pintura mariana realizada al temple del trecento sienés, deberías aclarar por qué has descartado la escultura y el fresco, por qué te has centrado exclusivamente en la Virgen, por qué el siglo XIV y no también el XIII y el XV, y por qué Siena y no incluyes toda la Toscana o toda Italia. También deberías añadir las razones que te han llevado a investigar esto en concreto, si existen motivaciones personales, tuyas o de tu director. De esta manera, cuando lean tu trabajo, los miembros del tribunal no irán percibiendo que faltan estas cosas ni se preguntarán por qué las omites (lo que pueden ver como carencias en tu investigación), sino que sabrán exactamente qué es lo que van a encontrar.

En segundo lugar, hay que incluir el estado de la cuestión: quién ha investigado antes que tú el tema, qué publicaciones fundamentales existen y, sobre todo, qué lagunas ves y esperas haber podido rellenar tú, es decir, los objetivos que te has marcado. Este punto es recomendable redactarlo a la vez que los logros de la conclusión, porque si no has cumplido alguno de los puntos puedes omitirlo, ya que tampoco es cuestión de «tirarse piedras sobre el propio tejado». Por último, es recomendable explicar cómo has estructurado el trabajo y por qué, es decir, desarrollar los motivos que te han llevado a que el índice sea de esa manera.

3. Conclusión: En la conclusión puedes añadir un brevísimo resumen de tu trabajo, porque tras cientos de páginas el lector puede agradecértelo. Asimismo, puedes incluir un recordatorio de los objetivos de la introducción y cómo los has cumplido, resaltando los avances y logros. También puedes explicar algunas cuestiones que se han quedado en el tintero por razones de tiempo y espacio y que vendrían a completar tu trabajo; el tribunal puede que también lo haya notado y te lo diga, pero si ya has explicado por qué no las has incluido es un punto a tu favor.

LA PREPARACIÓN MENTAL

La preparación mental también es importante. Piensa que, por mucho que te interese tu tema de trabajo, habrá momentos en los que estarás harto y te preguntarás por qué te has metido tú solo en este lío. Habrá momentos en los que no querrás oír hablar de nada relacionado con la tesis, en los que no conseguirás avanzar y te desesperarás, en los que echarás de menos leer textos que no sean científicos, y, además, tu tiempo de ocio se verá reducido considerablemente. La labor de documentación es especialmente ardua e infructuosa la mayor parte del tiempo.

1. La lucha contra la frustración: Vas a tener que concienciarte de todo esto lo antes posible y buscar las pequeñas cosas que hacen que no caigas en la desesperación, porque son muy frecuentes los casos de abandono. Para ello, funciona recordar la meta y, cuando no se avanza o la mente no está por la labor, lo mejor es parar unos días, desconectar totalmente y coger fuerzas para volver al trabajo.

2. Controlar el grado de perfeccionismo: También hay que controlar el grado de perfeccionismo, porque a veces se convierte en un problema. El trabajo final tiene que estar muy bien, pero siempre vas a ver fallos, por muchas veces que lo corrijas.

LA DEFENSA DE LA TESIS

1. La entrega de la tesis: Cuando estés concluyendo la tesis, te aconsejo que acudas a tu facultad y preguntes los pasos a seguir una vez esté lista, porque hay variaciones. En general, hay que presentar dos o tres CD que incluyan la tesis y un resumen de un folio de extensión, además de rellenar algún papel y llevarlo a registro. Entonces pasa a una fase de depósito de unas dos semanas aproximadamente y, una vez superada, se pagan las tasas de examen y se convoca al tribunal.

2. El tribunal: El tribunal estará compuesto por cinco doctores de diferentes universidades españolas y a veces también extranjeras. El presidente del tribunal es el profesor con mayor reconocimiento académico (el catedrático si solo hay uno) o, cuando haya varios del mismo nivel, el que lleve más años ostentando el título. El que lleve menos es el secretario y el encargado de levantar el acta.

3. La estructura de la defensa: La defensa de la tesis doctoral, que es el último trámite para ser doctor, tiene una estructura fija. Comienza con la presentación del presidente, que te dará la palabra para que, durante unos veinte o treinta minutos, expongas tu trabajo. En general, esta exposición sigue unas pautas comunes: saludos y agradecimientos al tribunal, una explicación del tema elegido, el estado de la cuestión previo a tu investigación, la estructura que se ha seguido para ordenar la redacción (básicamente, por qué es así el índice), recursos de los que te has valido (como archivos y bibliotecas o si has realizado estancias), qué aportas a la historia del arte y, finalmente, agradecimientos. Por supuesto, puedes incluir muchas cosas más, esto solo son unas pautas generales.

4. La defensa: Es importante que hables claro, sin correr y, si vas a leer la exposición (lo que es muy habitual), que evites el tono monótono. Es muy aconsejable acompañarse de un PowerPoint donde se puedan ir viendo esquemas de lo que comentas y alguna imagen de tu trabajo, aunque evitando sobrecargas, tanto de fotos como de texto, colores y efectos (*ver capítulo 10*).

Otro consejo es que seas humilde. Por mucho que te haya costado y por muy maravillosa que te parezca tu tesis, no deja de ser una primera investigación llena de errores de principiante. Además, debes hablar en primera persona del plural, el nosotros, que incluye a tu director, ya que por muy poco que haya intervenido, siempre se trata de un trabajo común.

5. La intervención del tribunal: Después, cada uno de los miembros del tribunal dispondrá del tiempo que requiera (algunos diez minutos, otros hasta cuarenta) para hacerte los comentarios que considere oportunos. Los comentarios serán tanto positivos como negativos, así que más vale ir preparado para escuchar los defectos de tu trabajo. A veces suelen plantear algunas cuestiones para que las respondas, pero recuerda que, salvo excepciones, no debes hablar hasta que no hayan concluido los cinco y el presidente te devuelva la palabra.

En general, se recomienda contestar con un agradecimiento por las observaciones, diciendo que las aceptas todas y cada una de ellas y que las tendrás en cuenta para futuras correcciones del texto. Puedes aclarar alguna cuestión concreta, aunque evitando siempre contradecirlos o cualquier ápice de polémica. Tras ello, le toca el turno a tu director, que hará los comentarios que considere, normalmente reseñando tus virtudes y las de tu trabajo.

Una vez concluido todo este proceso, el presidente pedirá que se desaloje la sala para que el tribunal pueda debatir tu calificación. Cuando la tengan, unos minutos después, os pedirán entrar y dirán tu nota. Con ello, ya habrás finalizado tu doctorado y serás doctor.

19. BECAS

QUÉ BECAS SE PUEDEN PEDIR

Existen en España una serie de becas, dirigidas en su mayoría a recién graduados, que permiten completar tu formación e iniciarte en alguna especialidad. A continuación, te proponemos tres becas convocadas actualmente por la Administración pública que puedes consultar:

1. Becas FormARTE del Ministerio de Educación, Cultura y Deporte: Se trata de becas de formación y especialización en instituciones que sean competencia del Ministerio. Van dirigidas a licenciados o graduados y los criterios de selección se basan en el expediente académico, la formación complementaria en la especialidad solicitada y la exposición de motivos y resultados que el solicitante espera obtener. Según la relación de especialidades y requisitos, aquellas más interesantes para los licenciados y graduados en Historia del Arte son las siguientes: investigación de fondos fílmicos, biblioteconomía y documentación, archivística, gestión cultural y museología. La duración de esta beca suele ser de siete a nueve meses, con una dotación mensual en torno a los 800 €.

2. Becas Culturex del Ministerio de Educación, Cultura y Deporte: Son becas de formación para españoles en el exterior y se desarrollan en instituciones culturales y en oficinas culturales y comerciales de las embajadas de España. Como requisitos imprescindibles están el título de licenciatura o grado, un posgrado relacionado con la gestión cultural y, por supuesto, certificar un nivel específico del idioma correspondiente al destino elegido. Otros requisitos y criterios a valorar son la titulación, el expediente académico, la experiencia previa o la carta de motivación, entre otros méritos. La duración de esta beca es de alrededor de seis meses, con una dotación económica mensual de entre 1.500 y 2.000 €.

3. Becas para posgraduados de Patrimonio Nacional, Ministerio de la Presidencia: Estas becas tienen el objetivo de completar la formación de titulados universitarios, facilitar su inserción en el mercado laboral gracias a la experiencia obtenida y promover el conocimiento de los bienes histórico-artísticos de esta institución. De entre las becas ofertadas, son interesantes para los titulados en Historia del Arte las destinadas al Archivo General de Palacio (Departamento de Conservación), entre otros destinos que exigen esta titulación. El periodo de realización de esta beca suele estar entre los nueve meses y el año, con una dotación mensual de 1.250 €.

ALGUNOS CONSEJOS

Tanto en la Administración pública como en el sector privado existen otras becas de este tipo, destinadas a complementar tu formación y adquirir experiencia laboral, y cuyos requisitos y criterios generales son muy parecidos. Desde mi experiencia como becario de formación, te doy una serie de consejos que podrían ayudarte a solicitar una beca de esta modalidad y durante tu estancia como becario de formación:

1. Presta atención a los requisitos excluyentes: Normalmente, estas convocatorias tienen una serie de requisitos en torno a la edad, los años transcurridos desde que se acabó la carrera o el disfrute previo de la misma beca. Esta normativa puede sufrir modificaciones según la convocatoria.

2. Insiste: Seguramente te dirán que no a la primera solicitud. No te rindas. Sé paciente, continúa formándote y adquiriendo experiencia en las materias y especialidades que suelen demandar, y vuelve a presentar la solicitud en la próxima convocatoria
.

3. Haz contactos: Durante tu estancia es muy importante hacer contactos con los profesionales e investigadores que estén trabajando en la institución. Mantenlos, pues podrán asesorarte para buscar trabajo, ayudarte en tus posibles investigaciones o apoyarte en iniciativas emprendedoras.

4. Publica: En el ámbito de las humanidades es muy importante tener publicaciones, así como demostrar experiencia en conferencias y otros eventos científicos. Si tienes la oportunidad, publica algún artículo en la revista o boletín de la institución donde estés realizando la beca.

5. Aprende todo lo que puedas: Se trata de un periodo temporal, sin posibilidad de renovar, por lo que debes sacar todo el partido a tu beca tanto en lo que se refiere a conocimientos como a experiencias vividas.

20. FORMACIÓN CONTINUA

Salir de la universidad no tiene por qué implicar necesariamente el abandono de tu formación. De hecho, es muy importante seguir formándose, no solo por ampliar tu currículum, sino también porque es un muy buen método de desarrollo personal. Continuar estudiando te permite seguir manteniendo ágil la mente, seguir indagando en tus intereses personales, seguir ampliando los horizontes mentales, seguir sintiendo curiosidad por nuevos ámbitos del saber, seguir adquiriendo destrezas... Al final, una amplia formación permite crear personas cultivadas y con cualidades de gran valor personal y profesional.

Es evidente, por otro lado, que cuando invertimos esfuerzos y dinero en formarnos esperamos que eso sirva para enriquecer nuestro currículum y para abrirnos nuevas puertas en el mercado laboral. Por desgracia, no hay una receta mágica para esto y a día de hoy una gran colección de títulos no garantiza nada. Aunque, por otro lado, una amplia formación sí puede marcar la diferencia en tu perfil personal en un doble sentido: especialización y diversificación.

1. Especialización: Con especialización nos referimos a que puedes escoger una formación en una línea muy concreta y profundizar en ella. Con ello te convertirás en un gran especialista en una materia y reducirás la competencia al máximo. Requiere esfuerzo, tiempo y constancia, pero seguramente a la larga merezca la pena. Sin embargo, especializarse tanto también tiene un problema: es muy arriesgado. Si resulta que finalmente esa formación no da sus frutos, tu currículum no te va a permitir llamar a otras puertas diferentes.

2. Diversificación: Por lo expuesto arriba, también puedes enfocar tu formación continua a adquirir destrezas en otros ámbitos y contar, de este modo, con varias alternativas profesionales. En este caso, puedes escoger ámbitos que poco o nada tengan que ver con la historia del arte, o bien ámbitos más relacionados que te permitan desarrollar, aunque de un modo diferente, tu faceta de historiador del arte.

Esta última alternativa se muestra muy interesante cuando se encuentra el modo de unir ambas líneas de estudios, pues entonces sí que se genera un perfil profesional muy original y de baja competencia. Pongamos algunos ejemplos:

- Si te formas como profesor de español para extranjeros, puedes dar clase de español técnico de historia del arte.
- Si te formas como redactor, puedes trabajar como periodista especializado en arte.
- Si te formas como *community manager*, puedes gestionar las redes sociales de algún museo.
- Si aprendes a llevar un blog, puedes crearte tu propio blog especializado en arte.

Tienes que ver la formación continua como un modo de construir tu currículum y de buscar alternativas. Todos sabemos que la situación no es fácil hoy en día, y menos para los estudiantes de humanidades, por lo que salir adelante requiere de esfuerzo y constancia. Aprovecha tus ilusiones y tus intereses personales para generarte un perfil personalizado y, sobre todo, nunca dejes de estudiar y de crecer.

Introducirse en el mundo laboral

21. PRÁCTICAS

Participar en un programa de prácticas relacionadas con la historia del arte puede ser muy provechoso para adquirir experiencia y hacer currículum. Podemos distinguir dos tipos de prácticas:

1. Prácticas académicas: Las prácticas académicas son aquellas que forman parte del currículum de un máster o grado, no son remuneradas y son una parte fundamental del programa formativo.

Si bien es verdad que la situación está mejorando, en España la formación universitaria en nuestro campo suele ser excesivamente teórica y en mi caso no tuve acceso a ningún programa de prácticas académicas durante la licenciatura. Esta es una de las mayores carencias que encontré en mi formación. Al acabar la carrera vi que había adquirido un gran bagaje teórico pero ninguno práctico ni procedimental. Me sentía como si no supiera hacer nada ni aplicar mis conocimientos teóricos.

Realicé un máster sobre museos y gestión del patrimonio histórico-artístico y, aunque en su programa sí incluía unos meses de prácticas, fueron escasas y no muy satisfactorias. En mi caso tuve que desarrollarlas en el Vicerrectorado de Cultura de una conocida universidad. Nuestros tutores no sabían muy bien qué labores encomendarnos y acabamos haciendo de todo un poco. La mayoría de veces nuestra labor poco tenía que ver con el trabajo que debería desempeñar un historiador del arte o un gestor cultural.

2. Prácticas voluntarias o extracurriculares: Por otra parte tenemos las prácticas voluntarias o extracurriculares. Este tipo de prácticas suelen ser remuneradas y en ocasiones el candidato debe ser seleccionado o resultar becado para poder participar.

Existen numerosos programas de prácticas ofrecidos por museos, fundaciones culturales, galerías de arte, etc. Mi recomendación es que solicites alguna beca o algún programa de alguna institución pública o de prestigio. Las becas FormARTE del Ministerio de Educación, Cultura y Deporte para realizar prácticas en museos estatales son muy interesantes (*ver capítulo 19*). Por otro lado, las prácticas de comisariado artístico de instituciones como, por ejemplo, Matadero de Madrid o la Fundación Telefónica brindan una excelente oportunidad a todas aquellas personas que deseen aprender a organizar una exposición. El Museo Nacional Centro de Arte Reina Sofía convoca también programas de prácticas en gestión cultural.

Otra opción es ofrecer tus servicios a galerías y museos para adquirir experiencia durante la etapa universitaria y no finalizar con tu currículum laboral a cero (*ver capítulos 4 y 27*).

Las prácticas pueden ser una experiencia muy positiva para completar tu formación durante un período de tiempo. Sin embargo, no deben ser tu opción laboral a largo plazo y, por supuesto, hay una serie de condiciones que, aunque sean en prácticas, deben garantizarte. En el caso de que no formen parte de tu grado o máster debes percibir un sueldo por tu trabajo o, al menos, no debe suponer un gasto para tu bolsillo. También debes tener un contrato legal y estar asegurado. Estas son condiciones mínimas que todo programa de prácticas debería cumplir: exígelas.

Muchas empresas e instituciones se aprovechan de la actual coyuntura económica y, en vez de contratar a un profesional, recurren a los becarios, es decir, profesionales igualmente formados a los que ofrecen unas condiciones pésimas y a cambio les exigen realizar el trabajo con el máximo nivel de responsabilidad y eficacia. Mi consejo es que no debes aceptar este tipo de ofertas, al menos como una opción laboral prolongada en el tiempo. Los programas de prácticas creo que deben ser un complemento formativo, compaginable con tu formación académica durante la universidad o bien como una actividad complementaria. Si todos nos negamos a trabajar gratis, las empresas se verán obligadas a contratar a alguien y mejorar las condiciones laborales que ofrecen.

22. OPOSICIONES A SECUNDARIA

El empleo en la Administración pública es una de las principales salidas laborales para un gran número de licenciados en Historia del Arte, Humanidades o Historia. El sector educativo es el que más opciones ofrece a través de las oposiciones al Cuerpo de Profesores de Enseñanza Secundaria, Profesores Técnicos de Formación Profesional, Enseñanza de Idiomas y Enseñanzas Artísticas. Se trata de oposiciones de ámbito autonómico y de nivel A1.

La estabilidad, la posibilidad de promoción interna, la movilidad, un sueldo elevado que aumenta con la antigüedad y las condiciones laborales (vacaciones, fines de semana y puentes libres, horarios, etc.) son los principales atractivos que el sector de la educación pública nos ofrece. No debemos olvidar tampoco que es una labor muy gratificante a nivel personal, pero que conlleva una gran responsabilidad y que no siempre está suficientemente valorada.

REQUISITOS

Está claro que la labor docente es vocacional, aunque en mi caso no la descubrí hasta que realicé prácticas como profesora de Historia del Arte de bachillerato. Aparte de vocación, todo profesor debe tener responsabilidad, asertividad y paciencia.

En cuanto a los requisitos legales, las convocatorias de las distintas comunidades autónomas establecen unos criterios generales y especifican, además, una serie de titulaciones requeridas para cada una de las especialidades. Los más relevantes son los siguientes:

1. Requisitos generales: Tener el título del Máster Oficial de Formación de Profesorado de Enseñanza Secundaria

Obligatoria, Bachillerato, F.P. y Enseñanza de Idiomas o, en su lugar, el antiguo CAP.

Acreditar, en su caso, el conocimiento de la lengua cooficial de la comunidad autónoma convocante de acuerdo con su normativa.

2. Requisitos específicos para Geografía e Historia: Cualquier título de licenciado del área de humanidades o de las ciencias sociales y jurídicas o cualquier título oficial de graduado de la rama de conocimiento de artes y humanidades o de ciencias sociales y jurídicas.

LA OPOSICIÓN

1. Primera prueba: Tendrá por objeto la demostración de los conocimientos específicos de la especialidad a la que se opta. Consta de dos partes que se valoran conjuntamente:

A. Prácticas: La fase de oposición incluye una serie de ejercicios de carácter práctico. En el caso de geografía, historia e historia del arte, tendremos que realizar prácticas de todas las materias. La prueba consiste en cuestiones acordes con los procedimientos del área y las materias propias de la especialidad, planteadas a partir de documentos de distinto tipo: texto, representación cartográfica, mapa, plano, imagen, gráfico, estadística, documento iconográfico, etc.

Sin embargo, las convocatorias no suelen especificar exactamente ni el tipo ni el número de ejercicios que se realizarán y varían de unos lugares a otros. En algunas comunidades autónomas suelen ponerse dos prácticas de cada materia para escoger una de cada. En otras, como en Castilla y León, el tribunal entrega un cuaderno de ejercicios compuesto por diversas actividades y deben realizarse todos (el número y la dificultad es mucho mayor). En algunas comunidades el nivel de estos ejercicios es de bachillerato, mientras que en otras se exigen conocimientos a nivel de investigador o doctorado. Por todo esto, una de las principales quejas de los opositores, en cuanto a las prácticas se refiere, es que no haya un temario concreto ni un criterio uniforme.

B. Desarrollo de un tema: Esta parte consistirá en el desarrollo por escrito de un tema elegido por el aspirante de entre cuatro temas extraídos al azar por el tribunal.

2. Programación y unidades didácticas: El aspirante debe elaborar una programación didáctica de un curso académico de una de las asignaturas de su especialidad. La segunda prueba consiste en la presentación y defensa de dicha programación didáctica y de una de las unidades didácticas que la forman. Esta unidad será elegida por el aspirante entre tres extraídas al azar por el tribunal.

Tanto la programación como la unidad didáctica deben recoger los objetivos didácticos, la metodología, los criterios y métodos de evaluación, las actividades de enseñanza-aprendizaje, la atención a la diversidad y medidas para los alumnos con necesidades educativas especiales, etc. Es muy importante hacer una programación original y dinámica, con gran cantidad de actividades y con una metodología innovadora.

3. Evaluación: El sistema de acceso al Cuerpo de Profesores de Enseñanza Secundaria es el concurso-oposición. Una vez superada la fase de oposición, una comisión baremará tus méritos académicos y laborales. Por ello, es muy importante tener muchas horas de formación, buen expediente, idiomas, etc. Si bien es verdad que el mérito más valorado es la experiencia docente y que los criterios para dar por válido un mérito suelen ser muy exigentes. Estos criterios aparecen detallados en las convocatorias y varían de una comunidad autónoma a otra.

La calificación de la fase de concurso se aplicará únicamente a los aspirantes que hayan superado la fase de oposición. Los baremos que fijen las convocatorias para la fase de concurso se estructurarán en los tres bloques que se indican a continuación (los aspirantes no podrán alcanzar más de 10 puntos para la valoración de sus méritos):

* experiencia previa: máximo 5 puntos;
* formación académica: máximo 5 puntos;
* otros méritos: máximo 2 puntos;

El nivel B2 de inglés puede abrirte muchas puertas, ya que es un requisito imprescindible para acceder a bolsas bilingües de tu especialidad. Estos puestos están cada días más demandados. En algunas autonomías, como Madrid, el requisito para los puestos bilingües es ya un nivel C1 de inglés.

4. Lista de interinos: Si no consigues plaza, puedes entrar en las bolsas de trabajo docente como interino gracias a la nota de oposición o al baremo de méritos. Las bolsas de interinos sirven para cubrir los servicios que no se han cubierto con las plazas de funcionarios de carrera (vacantes, sustituciones de todo el curso, jubilaciones, bajas temporales, etc.).

Suele ser requisito indispensable para entrar haberse presentado a la oposición. Para ordenar a los candidatos dentro de las bolsas prevalece el tiempo de servicio prestado en la comunidad autónoma por encima de la nota de oposición. Este sistema es especialmente injusto para los nuevos aspirantes que obtienen más nota que algunos interinos que solo acuden a firmar y, aun así, tienen trabajo durante todo el curso académico.

23. OPOSICIONES A MUSEOS

Opositar es la salida más conocida, más ofertada y más recurrente dentro de las humanidades. Entre los titulados en Historia del Arte es muy común elegir la opción de las oposiciones a profesores de secundaria. Sin embargo, existen otras opciones menos conocidas, como es el caso de las oposiciones a museos.

La oferta de este tipo de oposiciones es considerablemente menor, tanto en número de plazas como en convocatorias, respecto a las oposiciones de secundaria. Por arrojar un dato: las últimas oposiciones para conservadores de museos estatales fueron convocadas en el año 2009, para un número total de 4 plazas. Normalmente, suelen transcurrir dos años entre convocatorias. No obstante, la siguiente convocatoria no ha salido hasta el 2015, con un total de 32 plazas.

Existen varias pruebas selectivas a través de oposición o concurso-oposición, según sea el ámbito de actuación de la institución (público o privado) y en función de la normativa aplicable (por ejemplo, en lo que respecta a las competencias autonómicas). De entre las oposiciones a museos ofertadas por el Ministerio de Educación, Cultura y Deporte, según la titulación requerida, puedes elegir entre:

1. Conservador: Grupo A, subgrupo A1. Requiere una titulación universitaria de grado. Con un total de 140 temas distribuidos en seis bloques temáticos (tres generales y tres específicos), se trata de una oposición que consta de cuatro pruebas.

2. Ayudante: Grupo A, Subgrupo A2. Solicita una titulación universitaria de grado. Son un total de 74 temas y se desarrolla en tres pruebas de acceso para la fase de oposición.

3. Auxiliar: Grupo C, subgrupo C1. Demanda un título de bachiller o técnico. Consta de un temario de 45 temas con dos pruebas de acceso.

La transmisión de ciertas competencias por parte del Estado en materia de cultura, entre otras, hace que las comunidades autónomas tengan su propio proceso de selección para acceder a aquellos museos, conjuntos y colecciones de titularidad estatal ubicados en su territorio. Del mismo modo ocurre con los organismos autónomos como el Museo Nacional del Prado o el Museo Nacional Centro de Arte Reina Sofía. Además, existen museos que son de titularidad municipal, así como otros que son de titularidad eclesiástica, privada, fundacional, etc. El temario para acceder a estos museos mantiene una parte común al de las oposiciones estatales en cuanto a museología y legislación, si bien te encontrarás con un contenido y cantidad de temas variable en función de la entidad titular. Trata de mantenerte informado de todos los procesos selectivos a través de los canales de difusión de cada administración o institución: web, redes sociales o suscripción mediante el correo electrónico.

ALGUNAS REFLEXIONES SOBRE PROFESIONALES DE MUSEOS

Los profesionales de los museos. Un estudio sobre el sector en España es una publicación del Ministerio de Educación, Cultura y Deporte que analiza la situación de los profesionales de museos en España, tanto en activo como desempleados. Mediante unas encuestas se profundiza en materia de condiciones laborales, formación y funciones. En este apartado recojo algunas notas de interés que pueden ser útiles de cara a decidir si estudiar o no unas oposiciones.

1. Titulaciones: Un 65,2 % de los profesionales de museos es licenciado en Geografía e Historia, con una especialidad en Historia del Arte o en Historia. Cifra significativa sabiendo que los museos estatales y locales son mayoritariamente histórico-artísticos.

2. Acceso a ofertas de empleo: El acceso a puestos de trabajo en la Administración pública está regulado mediante procedimientos selectivos más rígidos. En las instituciones privadas se tiende a realizar el proceso a través de la selección curricular y entrevistas. Dos tercios de los profesionales de museos, según el estudio en cuestión, acceden al puesto a través de una oposición, concurso-oposición o concurso público de méritos.

3. Museos públicos: El 91 % de los profesionales trabajan en museos de titularidad pública y suelen ser instituciones cuyas colecciones son de naturaleza histórico-artística. Son menos los profesionales que desarrollan su actividad en museos privados, cuyas colecciones giran, sobre todo, en torno al arte contemporáneo y las ciencias.

4. Estabilidad: El estudio indica que uno de cada tres profesionales conserva el mismo empleo desde su incorporación. En cambio, los profesionales de museos más recientes albergan la mayor tasa de desempleo.

5. Formación continua: El 87,8 % de los profesionales de museos declara haberse formado en los últimos tres años en materia de museos y patrimonio. Existe también una amplia mayoría que ha recibido formación complementaria en otros campos no relacionados con esta temática. Esta tendencia es más común entre los profesionales de incorporación más reciente al sector, lo que el estudio interpreta como una situación de mayor competencia y dificultad de acceso al mundo laboral.

6. Escasas expectativas de mejoras: Más del 80 % de los profesionales de museos no tiene expectativas de mejorar sus condiciones laborales, tanto en responsabilidad como en remuneración, durante los próximos tres años. Esto se debe a la crisis económica, aunque el optimismo crece entre los profesionales que trabajan en museos de titularidad privada.

ORGANIZACIÓN DEL ESTUDIO: ALGUNOS CONSEJOS PRÁCTICOS

1. ¿Academia, preparador o preparación por cuenta propia?: Los temas de historia del arte son muy escasos y predominan los de historia. Este es quizás el mayor hándicap que poseemos los historiadores del arte a la hora de enfrentarnos a esta oposición. Además, los contenidos relacionados con la geografía son complejos si no la hemos estudiado desde el instituto y los apartados procedimentales requieren de un cierto nivel. Por lo tanto, acudir a un preparador o a una academia durante una temporada puede ayudarnos en los temas que menos dominemos y para realizar las prácticas, la programación y unidades didácticas, etc.

Sin embargo, debemos ser muy cautos. Los temarios que venden las academias a veces contienen errores, no están bien documentados o cada una de las partes ha sido realizada por un autor distinto y los editores no se han molestado en coordinar las distintas partes para que exista una cierta unidad. En mi caso personal, pagué 500 € por el temario completo, más la parte de ejercicios prácticos (con explicaciones teóricas y ejemplos resueltos), y contenía erratas. Algunos temas estaban excelentemente realizados, mientras que otros eran de una calidad y un rigor científico más bien bajos.

2. Sé constante: Una oposición es una carrera de fondo en la que cuenta el día a día durante un largo periodo de tiempo (la media suelen ser unos cinco años para las oposiciones de nivel A1). Además, en esta carrera no solo compites tú: miles de personas muy preparadas luchan también por conseguir un trabajo, así que la competencia es durísima. Solo los primeros consiguen la plaza, por lo que hay que esforzarse mucho y, sobre todo, no rendirse. Es necesario aprovechar cada momento de estudio siendo muy constante. Paso a paso y tema a tema verás cómo vas avanzando.

3. Organiza y planifica tu tiempo: Es fundamental organizarse bien, fijarse un horario y tratar de cumplirlo a rajatabla. Lo más habitual es estudiar unas siete u ocho horas diarias entre semana, aunque cuando se acerca la fecha del examen, si es posible, lo normal es dedicar todavía más horas. También es muy importante planificar el calendario de estudio en función del temario y marcarse unos objetivos factibles.

Lo que más cuenta del tiempo de estudio no es la cantidad horas dedicadas, sino el aprovechamiento de las mismas. Por experiencia propia puedo decir que cinco o seis horas rindiendo al máximo cunden más que todo un día delante del libro sin aprovechar el tiempo.

Personalmente, rindo mucho más estudiando en una biblioteca: para mí se ha convertido en una rutina que me ayuda a concentrarme y a hacer más llevadera la oposición. Mis primeros meses fueron un desastre, porque intentaba organizarme de mil formas sin conseguirlo y mi avance era muy lento. Tras varios intentos fallidos de enclaustrarme en mi casa, decidí que ya era hora de quitarme el pijama, tomar el aire y crearme un horario fijo. Así es como opté por ir siempre a la misma biblioteca.

4. Haz resúmenes y mapas conceptuales: Una forma eficaz de estudiar y repasar los contenidos es hacer resúmenes de los temas ya estudiados. Cuando tengas que retomar el tema, te será mucho más fácil con una síntesis donde hayas recogido las principales ideas.

5. Realiza ejercicios prácticos: La parte teórica es fundamental y sin ella tampoco seríamos capaces de resolver la parte práctica de los exámenes. El problema, sin embargo, es que los opositores tendemos a centrarnos en esta parte y a preparar menos los ejercicios prácticos de las oposiciones. Mi consejo es hacer muchos ejercicios de tipo procedimental (de acuerdo con las pautas de la convocatoria), que además sirven de repaso de los contenidos teóricos.

6. Consulta bibliografía y crea materiales personales: Elaborar temas originales mediante documentación y bibliografía especializada es muy importante. En ocasiones puede ser la diferencia entre presentar un tema del montón y uno que destaque entre los demás.

Los temarios de las academias suelen ser muy útiles, pero no es raro que estén hechos cada uno por un autor y sin demasiada coherencia unos con otros, como ya te comenté anteriormente.

7. **Deja los meses previos para repasar:** Abarcar la totalidad del temario es muy difícil, por no decir imposible. Por eso es importante centrarse en lo fundamental y, aunque no avancemos con nuevos contenidos, dedicar los últimos meses a un repaso exhaustivo de los contenidos estudiados.

8. **Atento a los plazos:** La primera vez que rellené una instancia para la oposición me llevó tres días de dedicación constante debido a la gran complejidad y a la falta de información. El pago de las tasas es un caso aparte: los empleados de las sucursales bancarias me han llegado a preguntar qué hacían con el recibo después de darles todas las instrucciones disponibles, así que imagínate la descoordinación que existe.

Mi consejo es que estés atento a los plazos, que leas bien la convocatoria, que preguntes todas tus dudas y que te asegures en el organismo donde presentes la instancia de que aportas toda la documentación necesaria y que la sucursal bancaria ha efectuado correctamente el pago. Ten en cuenta también que los plazos de reclamación suelen ser breves. Mira la web o los listados del organismo convocante frecuentemente.

9. **Practica ejercicio regularmente:** Una de las recomendaciones básicas para cualquier opositor es la de hacer ejercicio físico de forma regular, ya que es una forma de despejar la mente y aliviar las tensiones y el nerviosismo de la rutina. Es un arma muy eficaz contra la ansiedad.

También es muy importante dormir y descansar bien y comer de forma equilibrada y saludable. El estudio quema muchas energías así que, al margen de la alimentación equilibrada, el chocolate y los dulces son básicos para mí.

10. Tiempo de ocio: Es fundamental que todos los días dediques tiempo a actividades de ocio y a desconectar. Te servirá para cargarte de energía, sobre todo en esos días en los que no se avanza, porque es mejor tomarse un descanso y proseguir en otro momento. Los fines de semana procura escoger un día en el que no estudies absolutamente nada y tómatelo de descanso total.

11. Intenta ser positivo: Es muy importante estudiar relajado y no agobiarse por alcanzar las metas. Aunque sea difícil, tienes que creer en ti mismo y pensar que el objetivo a lograr merece la pena el esfuerzo y sacrificio. Tienes que tomártelo como un trabajo, porque es la única manera de no desanimarse y de no sentirse frustrado por no tener un empleo.

24. SER GUÍA: EL CARNET DE GUÍA OFICIAL

GUÍA DE TURISMO

1. Regulación: El guía de turismo o informador turístico es una figura regulada por cada comunidad autónoma. Para conseguir el carnet que da licencia a ejercer esta actividad (un fin algo complicado en algunas zonas), tendrás que consultar la legislación de cada comunidad para conocer cuál es el procedimiento. Por lo general, suele especificar cuál es el organismo competente que puede convocar los exámenes para conseguir la habilitación.

2. Pruebas: Como norma general, lo que suelen pedir en el examen son conocimientos sobre el turismo, la historia y el patrimonio de la región y uno o dos idiomas del Marco de Referencia de la Unión Europea. Estos idiomas pueden ser ampliados posteriormente y serán en los que puedas trabajar, ya que aparecerán reflejados en tu carnet (*ver capítulo 15*).

En algunas comunidades hace bastantes años que no se convocan las pruebas. Sin embargo, en otras como Andalucía, el acceso se ha liberalizado y basta con cumplir una serie de requisitos para conseguir el carnet.

3. Movilidad: Si eres guía en una determinada comunidad autónoma y necesitas ejercer tu trabajo en otra, lo mejor que puedes hacer es consultar qué trámites debes realizar para conseguir la autorización, ya que estas normativas pueden sufrir modificaciones.

Por otro lado, estos textos legales también determinan el número de personas que un grupo puede llevar y los idiomas en los que un guía puede hacer la explicación. Normalmente está limitado a unas 30 personas y a dos idiomas simultáneos.

4. Asociarse: Una vez con el carnet, puedes unirte a alguna de las asociaciones de guías que existen en cada ciudad. En ese caso deberás cumplir, además de con los deberes y obligaciones que exige la ley, con los que la asociación tenga en sus estatutos, así como con las tarifas oficiales que ellos dictaminen.

5. Empleado o por cuenta propia: Por otro lado, puedes trabajar por cuenta propia o para una o varias empresas. Si trabajas para una empresa, ellos deben darte de alta en la Seguridad Social y pagar los impuestos que tu trabajo genere, así como pagarte tu sueldo.

Pero recuerda que, si lo haces por cuenta propia, tendrás que darte de alta como autónomo y pagar los impuestos habituales, como son IRPF e IVA. Cuando generes un presupuesto y una factura ten presente cuáles serán los impuestos y gastos que tendrán; ya que si pides una cantidad y comienzas después a restarlos puede que tus ganancias se vean reducidas drásticamente y que lo que te embolses sea una cantidad ridícula. Normalmente, las personas que nos dedicamos a las humanidades solemos tener poca idea de estas gestiones, por lo que contar con los servicios de un gestor para comenzar a trabajar no es una idea nada descabellada.

6. Formación continua: Ser guía de turismo es una profesión en la que no debes dejar de formarte para que tus explicaciones estén siempre actualizadas y sean de calidad.

INTÉRPRETES DEL PATRIMONIO

Esta figura profesional, relativamente reciente en España (nació en 1957 en Estados Unidos vinculada a los guías de los parques nacionales), es distinta a la del guía de turismo.

1. Labor del intérprete: Si los guías turísticos realizan visitas guiadas a los distintos espacios o rutas patrimoniales, los intérpretes del patrimonio deben hacer comprender no solo la historia, sino también la importancia actual de los monumentos o rutas en las que trabaje. Se sirven de los medios interpretativos que consideren oportunos y que normalmente cada intérprete diseña según sus habilidades y aptitudes.

2. Requisitos: Como vemos, además de dotes de comunicación, el intérprete tiene que tener dotes creativas, ya que su trabajo puede consistir en desarrollar una serie de informaciones en diversos formatos para que otras personas las utilicen y no en guiar a un grupo. Así, su labor es interdisciplinar y se mueve entre la educación, la comunicación, la gestión y la creación de materiales afines a la cultura.

3. Público objetivo: Los intérpretes del patrimonio normalmente tienen otro público objetivo que no son los grupos organizados o los operadores turísticos con los que trabajan los guías. Su abanico es más amplio y abarca colegios, grupos no organizados de personas que viven en la misma localidad donde se desarrolla la explicación, grupos profesionales especializados... Para cada uno de ellos los recursos que estos profesionales emplean son distintos, por lo que cada explicación, aunque pueda parecerse en el fondo, es sustancialmente distinta.

4. Objetivos: Un buen intérprete del patrimonio es aquel que en su interpretación no se limita a aportar datos, sino que busca una reacción en las personas. Busca una concienciación de la importancia que tiene el patrimonio y busca, de este modo, promover su salvaguarda.

Actualmente esta figura se está consolidando en España. Desde hace años existe la Asociación de Interpretación del Patrimonio, donde puedes encontrar novedades y más información sobre esta figura profesional.

25. CÓMO BUSCAR TRABAJO EN EL SECTOR CULTURAL

Como todos sabemos, no es buen momento para buscar trabajo, y todavía menos si lo haces dentro del mundo de la cultura. La crisis económica ha afectado a muchos sectores, pero el de la cultura ha sufrido especialmente, ya que para nuestros políticos, por desgracia, no se trata de un sector clave dentro de la economía ni constituye una prioridad.

Algunos de los que empezamos la carrera antes del estallido la crisis siempre nos planteamos las oposiciones como una de las salidas más factibles, pero lamentablemente la realidad cambió drásticamente hace unos años y lo que siempre pareció una buena opción simplemente desapareció. ¿Qué hacer entonces? Con las ofertas de trabajo público bajo mínimos no son muchas las opciones que nos quedan y hay que moverse para conseguir que alguien nos contrate. A continuación te ofrezco algunos consejos sobre cómo puedes buscar trabajo si has estudiado Historia del Arte o alguna otra carrera de humanidades. Pongo como ejemplo la ciudad de Barcelona, pero seguro que en tu ciudad hay opciones parecidas.

1. Enviar el currículum: Una primera opción es enviar tu currículum a aquellos sitios en los que te interese trabajar, como museos, galerías de arte, casas de subastas... Siempre tienes que tener presente que las instituciones públicas es raro que contraten personal directamente, ya que suelen hacerlo o a través de oposiciones (las plazas de conservadores de museos, por ejemplo, suelen ocuparlas funcionarios) o a través de una empresa privada que, mediante un concurso público, ha obtenido la gestión de algunos servicios (generalmente se encargan de los servicios de atención al público y seguridad).

Pero ¿cómo saber dónde enviar los currículums? Para poder empezar a enviar currículums lo primero que tienes que hacer es saber qué instituciones o empresas existen en tu ciudad que trabajen dentro de tu sector. En la web del ayuntamiento es posible que existan directorios que te faciliten listados según sectores que te serán de gran utilidad. Otra opción es recurrir a asociaciones de profesionales que reúnen empresas por sectores, como el Gremi de Galeries d'Art de Catalunya, ya que en sus webs es probable que faciliten el listado de asociados.

El caso de las empresas que se encargan de los servicios externalizados en los museos es más complicado, ya que normalmente son gestionados por una ETT y esta puede cambiar con cada nuevo concurso que se convoca (normalmente los servicios salen a concurso cada cuatro años). Esta información no suele ofrecerse en las páginas web de los museos y no siempre en las de las ETT, de modo que para saber qué empresas están gestionando los servicios de los museos en tu ciudad, lo más fácil es que te acerques y preguntes directamente al personal para quién trabaja.

2. Inscribirse en ofertas de empleo: Aparte de ofrecer tu colaboración enviando tu currículum, también puedes apuntarte a las ofertas de trabajo que se publican en las webs especializadas en búsqueda de empleo. Lo bueno de hacerlo así es que te aseguras de que realmente existe un puesto vacante en aquel sitio al cual envías tu currículum. Son numerosas las webs de este tipo, pero seguramente la más popular y la que mueve más gente es Infojobs. Sin embargo, para buscar trabajo dentro del sector de la cultura te recomiendo que no dejes de apuntarte a Laboris que, aunque es menos conocida y mueve menos gente, cuenta con una categoría de búsqueda llamada "Cultura, Ocio y Deporte" que facilita enormemente encontrar las ofertas del sector. En otras webs es extraño que aparezca esta categoría, lo que obliga a ir introduciendo diferentes palabras clave para dar con lo que buscamos.

Aunque menos frecuentes, también existen ofertas de empleo dentro de algunos organismos públicos (hablamos de contratos temporales y no de plazas que salen a oposición). Estas ofertas salen publicadas en los boletines oficiales y suelen tener un plazo de presentación. Para estar al tanto lo mejor es que recurras a los buscadores que unifican en una única web diversos boletines oficiales, algunas de las cuales te permitirán suscribirte y recibir alertas según los criterios que establezcas. En Cataluña, por ejemplo, está el Cercador d'Informació de Diaris Oficials (CIDO).

3. Registrarse en plataformas especializadas: Otra muy buena idea es que te registres en las plataformas especializadas para los profesionales de la cultura, como Fábrica Cultural o Cultunet. En ellas, aparte de encontrar ofertas de empleo, hay mucho más, como becas y formación, además de la posibilidad de hacerte un perfil y participar en la comunidad.

26. SALIR AL EXTRANJERO

En torno a la década de los años setenta del siglo XX, el eminente sociólogo canadiense Marshall McLuhan acuñó el concepto de aldea global. Con este concepto se refería específicamente al estado de permanente intercomunicación que existe en el mundo gracias a las tecnologías de la información. Si esto ya era así hace cuarenta años, lo cierto es que ahora vivimos en un proceso de globalización mucho mayor. Este proceso seguramente nos llevará a estandarizar cada vez más la cultura y quién sabe si a vivir de facto en un único país, al margen de que existan los actuales nombres de localidades y estructuras políticas, que seguramente dejarán de ser tan relevantes.

¿Qué significa esto? Pues significa básicamente que frente a este proceso de globalización deberíamos prepararnos para poder paliar los múltiples inconvenientes que nos pueda acarrear. Sobre todo me refiero a las barreras mentales heredadas que están imposibilitando nuestro desarrollo personal. Seguimos pensando que la secuencia lógica de acontecimientos en la vida de una persona es como sigue: naces en una localidad determinada, estudias y creces en ese entorno, consigues un empleo allí, te jubilas y mueres.

Sin embargo, todo apunta a que esto no va a seguir siendo así. Con esto no quiero decir que no pueda darse esta situación, sino más bien que esto va a ser un poco complicado dependiendo de tu profesión. Por ejemplo, imagínate que quieres ser historiador del arte y que quieres desarrollar tu trabajo en el lugar en el que has nacido y has estudiado; pero resulta que en tu ciudad solamente encuentras trabajos poco cualificados o directamente no dispones de instituciones culturales, como museos o centros de arte, a las que dirigirte para pedir trabajo. ¿Qué harías en ese caso? Probablemente tendrías que desplazarte y empezar a vivir en otras ciudades en las que el sector cultural o creativo estuviera más desarrollado. Pues bien, digamos que el caso más extremo de esta situación es irse a vivir al extranjero para encontrar oportunidades de trabajo cualificado.

Es posible que no lo hagas por necesidad, sino simplemente porque quieres mejorar tu currículum realizando unas prácticas o trabajando un periodo corto de tiempo en el exterior para luego regresar a tu lugar de origen. Aunque lo más probable es que tengas que hacerlo por necesidad. En cualquier caso, si estás pensando en desplazarte a un país extranjero, los seis consejos que te voy a dar a continuación sirven para ambos casos y los he vivido en primera persona, así que espero que puedan ayudarte a lograr tus objetivos:

1. Elige bien tu lugar de destino: Aunque parezca una obviedad, la correcta elección del destino es a veces lo que menos tenemos en consideración. Sería muy fácil realizar una investigación a través de Internet sobre cuáles son las ciudades en las que existe mayor número de instituciones culturales de prestigio. Con esa información podrías reservar un vuelo e ir directo a esa ciudad.

Sin embargo, es preferible tener en consideración, primero, cómo va a ser tu vida en ese país. Algunas de las preguntas que debes hacerte son las siguientes: ¿qué idioma se habla?, ¿es muy alto el coste vida?, ¿los alquileres son elevados?, ¿y la comida y el transporte?, ¿cuál es la temperatura media?, ¿anochece muy pronto?, ¿es agradable ese sitio?, ¿me sentiré como en casa?, ¿es fácil encontrar un empleo?, ¿cuál es la tasa de desempleo?, ¿necesito permiso de residencia?... Son preguntas sencillas pero efectivas y no debes jamás subestimarlas, porque al fin y al cabo tu felicidad depende de que te sientas cómodo en la nueva ciudad y no tiene sentido ir a vivir a otro país para estar peor que en el que te encuentras.

2. Haz un listado de instituciones culturales: El segundo paso, una vez elegido el destino, es hacer un listado de las instituciones culturales con las que vas a contactar para buscar trabajo. No tienen por qué ser exclusivamente instituciones culturales, como museos o galerías de arte, ya que eso te va a limitar considerablemente. Piensa en dónde te ves trabajando, como empresas turísticas, librerías, bibliotecas, universidades, institutos, colegios, etc.

Personalmente, te recomendaría que abrieras una hoja de Excel y fueras poniendo los siguientes datos: nombre de la institución, teléfono, dirección, correo electrónico, persona de contacto y notas. Intenta recopilar la máxima información que te sea posible en Internet, guías turísticas o directamente recorriendo la ciudad y pidiéndola in situ. No siempre podrás obtener todos los datos, pero al menos así tendrás una idea sobre cuál es la dimensión del sector cultural.

Mención importante merece el apartado de «notas». Ahí puedes poner, por ejemplo, si has enviado el currículum o no, que es un dato que debes tener muy presente para poder llevar un control de cómo se va desarrollando la búsqueda de empleo. Si lo deseas, puedes incluir otras cuestiones como los horarios de apertura y de oficina o si esa institución está gestionada desde otro lugar, como suele ser el caso de algunos museos que son dependientes del Estado.

3. Envía tu currículum o portafolio: El siguiente paso consiste en enviar tu currículum o portafolio personal a la persona encargada de recursos humanos. Es importante que ese currículum esté bien redactado y, sobre todo, que se adapte lo máximo posible a las necesidades del museo o institución a la que te dirijas.

Por ejemplo, imaginemos que quieres trabajar en un museo de bellas artes especializado en la época barroca. Lo lógico sería tratar de señalar dentro de tu currículum personal los estudios que tienes sobre esa materia, si has realizado previamente prácticas en una institución similar, si has escrito artículos académicos (o divulgativos) sobre el tema, etc. Tendrías que ponerte en el lugar de esa institución y pensar cómo puedes añadirle valor con tu trabajo. Esto lo puedes reflejar en una carta de motivación adjunta a tu currículum, en la que puedes ampliar un poco más la información y dejar constancia de cuáles son tus objetivos y cómo se alinean con los del empleador.

Sin embargo, según mi experiencia, muchos de los trabajos se logran no tanto por presentarse a una oferta laboral —que también es una posibilidad—, como por medio de contactos. Pero eso lo veremos a continuación.

4. Intenta hacer contactos: En mi opinión, los buenos contactos son esenciales para poder lograr un puesto relevante. No hablo de las famosas designaciones a dedo que, por supuesto, están a la orden del día, sino más bien de las relaciones humanas. Con esto quiero decir que necesitas que te conozcan en el sector. Ahora bien, seguro que te estarás preguntando: «¿cómo puedo ser conocido si no tengo experiencia previa y no he podido acceder a ningún puesto laboral?» Es difícil, lo sé perfectamente, pero existen varios frentes que puedes atacar.

El primero son los proyectos culturales, es decir, puedes presentar un proyecto cultural a una institución y tratar de llevarlo a la práctica. Aunque finalmente no llegue a concretarse, al menos empezará a sonar tu nombre y aprenderás a redactar proyectos, lo cual te será extremadamente útil en el futuro.

El segundo es el voluntariado, ya que desarrollar una actividad voluntaria es una de las mejores formas de entrar en una institución. Esto es verdaderamente estratégico, puesto que te ayudará sobremanera a encontrar un empleo. ¿Por qué? Pues porque no encontrarás cortapisas a la hora de entrar en la institución, porque probablemente podrás tener contacto directo con su responsable, porque conocerás a muchos de los trabajadores y podrás incluso hacer amistades. Así, cuando exista una oportunidad de trabajar allí, estarás más cerca de entrar, porque si hay que escoger entre dos personas, una conocida y otra no, siempre ganará la persona conocida. Es una ley no escrita, pero es muy habitual, así que tenla presente.

Eso sí, el inconveniente de llevar a la práctica este plan es que no dispondrás de suficientes recursos económicos para mantenerte en el nuevo país, ya que el voluntariado siempre es gratuito. Pero puedes hacer una cantidad reducida de horas de voluntariado (por ejemplo, dos horas a la semana o incluso menos) mientras sigues buscando empleo. Además, igual te permiten hacerlo el fin de semana, así que siempre existen opciones al respecto.

5. Busca ofertas de trabajo: Paralelamente a esta estrategia, puedes empezar a mirar dónde se publican las ofertas de empleo cultural en el país en el que te encuentras. Esto es: periódicos locales; ministerios de cultura, educación y empleo; páginas web especializadas; páginas webs de las propias instituciones; etc. Todos esos canales debes tenerlos muy controlados, ya que las ofertas aparecen y desaparecen muy rápidamente, por lo que sería conveniente que te suscribieras por correo electrónico.

Debes estar muy pendiente de todo lo que se publica sobre ese tema utilizando, por ejemplo, el servicio de alertas de Google o las aplicaciones de lectura de RSS. Con este tipo de aplicaciones puedes estar al tanto de todo lo que se publica en una web o blog inmediatamente y, además, suelen ser gratuitas, así que úsalas a conveniencia.

6. Intenta no perder la paciencia: Este es el apartado más importante y más duro de todos. No te voy a engañar: conseguir un trabajo es un proceso complicado y largo, por lo que es preciso saber controlar las emociones. De hecho, es mucho más complicado tratándose del sector cultural, que se caracteriza por ser poco dinámico y muy dependiente de las instituciones públicas, lo que significa que las ofertas tardan en aparecer y que probablemente sea necesario presentarse a unas oposiciones para poder obtener una plaza.

Por eso, te recomiendo que intentes, en la medida de lo posible, mantener la calma para no caer en la desesperación. Esto depende de cómo sea tu carácter, pero si has estudiado la carrera de Historia del Arte o cualquiera que esté relacionada con las humanidades, seguro que eres una persona sensible y todas estas cuestiones te van a afectar profundamente. Así, es fácil que aparezca la rabia, la desesperanza y, en definitiva, la frustración por no poder encajar en la sociedad.

Es muy duro, pero es importante que no te identifiques con estas emociones, porque esto no tiene nada que ver contigo: tú eres una persona que tiene mucho que aportar a la sociedad a través de su profesión. Las instituciones no tienen nada en contra de ti, ni eres peor que los demás, lo único que ocurre es que normalmente se ofertan muy pocas plazas y existen muchos candidatos.

Por tanto, tienes que ser valiente y tratar de sobrellevar la situación con la mayor paz interior que te sea posible. Si te encuentras sin recursos y lo ves conveniente, prueba con otros trabajos, aunque no sean culturales, e intenta ir introduciéndote en el sector cultural poco a poco. Quizás así, con unos ingresos mensuales, puedas disponer de una cierta tranquilidad económica que te permita seguir desarrollando la estrategia que te habías planteado desde un principio. Ahora bien, bajo ningún concepto te desvincules de tu profesión, sigue intentándolo hasta conseguirlo. Tú puedes hacerlo.

27. EMPRENDEDORES

En los últimos años hemos asistido a un cambio de paradigma laboral que no tiene precedentes en la historia. Por un lado, hemos visto cómo se destruía una ingente cantidad de empleo debido a la gran crisis que estaba viviendo el planeta. Pero, por otra parte, hemos contemplado cómo empezaban a surgir nuevas oportunidades para todas aquellas personas que deseaban desarrollar una actividad por cuenta propia. Me refiero a los autónomos, emprendedores y empresarios, que ahora cuentan con un gran número de recursos tecnológicos que hace un tiempo hubieran sido impensables. Gracias al desarrollo de las tecnologías de la información y al imparable proceso de digitalización de las empresas y, en general, de la actividad comercial, ahora es más sencillo que nunca iniciar un negocio propio.

Es verdad que esta situación que describo no es aplicable a todos los sectores, pero sí dentro del sector cultural, que es el que nos interesa. Como ya señalé en el capítulo precedente, la búsqueda de empleo es un proceso largo, duro, complejo y lleno de sinsabores. Lo peor de todo, sin lugar a dudas, son las esperas y los continuos rechazos que te vas a encontrar. Por eso, muchas veces, la única alternativa para empezar a trabajar en el sector cultural es mediante la creación de un proyecto propio, porque no te ves limitado por otras personas y realmente eres tú mismo quien decide lo que se puede o no se puede hacer. Lo importante es que pienses que, al margen de las salidas laborales tradicionales que hemos comentado a lo largo del libro (ver capítulo 24), existe una alternativa al trabajo por cuenta ajena y que, si te formas y eres constante, puedes lograr construir una marca que te permita desarrollar tus proyectos.

No obstante, debemos ser cautos, porque la creación de empresas no es la panacea que nos venden los medios de comunicación. Es imprescindible estar preparado en ciertas áreas que normalmente no aprenderás en las carreras de humanidades, como lo son las ventas, el marketing, la gestión de proyectos o la organización de equipos, entre otros. De repente, vas a tener que saber cómo gestionar todas esas áreas del negocio sin experiencia previa, por lo que lo más seguro es que empieces a equivocarte y a sufrir las consecuencias, pero esa es una forma de aprendizaje que no debemos desdeñar.

Ya sé, además, que es un tema muy controvertido y que a determinadas personas les resultará incómodo. Sin embargo, es necesario abordarlo porque probablemente la única oportunidad que tendrán de disponer de unos ingresos será siguiendo esta fórmula de autoempleo. Una gran parte de las personas que han estudiado humanidades no se encuentra cómoda con esta idea, porque, quizás debido a la sensibilidad social que han adquirido, no consideran ético involucrarse en una actividad económica con ánimo de lucro.

La buena noticia es que tu actividad puede estar perfectamente alineada con tus valores y, aparte de ayudarte a ti mismo a encontrar un trabajo, puedes ayudar a otras personas a lograrlo. Para eso tienes que sentarte delante de un ordenador o tomar un bolígrafo y una libreta y empezar a apuntar posibles ideas de negocio. Estas ideas deberán estar encaminadas a solucionar problemas a otras personas, empresas o instituciones (que a partir de ahora serán tus clientes potenciales) y deberán presentarse en forma de productos o servicios.

Obviamente tendrás que poner todo tu entusiasmo y toda tu fuerza creativa cuando desarrolles esas ideas de servicios o productos, ya que, como habrás percibido tú mismo, el mercado está saturado y lo importante es diferenciarse de los "competidores", es decir, de aquellos que están haciendo lo mismo que tú. A mí, personalmente, no me gusta la idea de la competición, al menos dentro del sector cultural, ya que se trata de un sector minúsculo con una escasa presencia de emprendedores y empresas. Por lo que yo abogo es por establecer alianzas estratégicas que permitan abordar proyectos mayores. Iniciar competiciones absurdas a la postre solo servirá para perjudicar a todas las partes implicadas.

Pero no se trata solo de ser creativos en el desarrollo de servicios y productos, también hay que serlo en la captación de recursos económicos que permitan desarrollarlos: pago directo por parte de las instituciones culturales, subvenciones, crowdfunding, venta de esos servicios y productos a particulares... Algunos ejemplos de esto que propongo serían la creación de aplicaciones informáticas para museos, el desarrollo de talleres educativos en museos o la venta de libros electrónicos por Internet. Son solo algunas ideas, pero existen miles.

Puedes fijarte en cómo lo están haciendo otros emprendedores, como es el caso, por ejemplo, de lo que ha ocurrido en el Museo Thyssen-Bornemisza de Madrid, que recientemente ha presentado un videojuego desarrollado por un grupo de emprendedores con el objetivo de dar a conocer sus colecciones de una forma lúdica y entretenida. No existen límites al respecto y todo dependerá de la originalidad de la idea, de la realización práctica de la misma y de tus habilidades de venta.

1. Autónomos: Al margen de lo ya comentado, es preciso aclarar que la forma jurídica en la que se presenten estos proyectos no es lo más importante y que esto dependerá de tus necesidades particulares. Por ejemplo, si vas a iniciar una actividad económica tú solo, es suficiente con que te des de alta como autónomo en Hacienda y en la Seguridad Social y pagues tus tributos en los periodos del año que te indiquen (normalmente cada tres meses, pero depende del país en el que te encuentres).

Esta es una fórmula que no es perfecta, porque normalmente es necesario satisfacer unos gastos muy elevados. En España, la cuota mensual está en torno a los 265 € con la base mínima de cotización y, con cada declaración trimestral, se te descontará un 20 % de tus beneficios. Además, tendrás que darte de alta en el Impuesto de Valor Añadido (IVA), lo cual incrementará un 21 % cada factura que generes y aumentará el precio final que el cliente deberá abonar. Pero no olvides que pagar impuestos es necesario para el desarrollo de la sociedad y que haciéndolo contribuyes a mantener el estado de bienestar, por lo que cuando te veas obligado a hacerlo es preferible que te lo plantees de esta manera.

No obstante, esto no significa que no podamos estar de acuerdo con la idea de que las cuotas mensuales de los autónomos son elevadas (que lo son). A pesar de que existen bonificaciones para los menores de 35 años de edad o ciertas ventajas para las personas que se dan de alta por primera vez, lo cierto es que ser autónomo es caro. Tal y como ocurre en otros países, debería aplicarse un sistema proporcional de cobros que dependa de los ingresos de la actividad comercial.

Sin embargo, ser autónomo tiene la ventaja de que puedes gestionar tú solo tu propia contabilidad y no es necesario contratar los servicios de un asesor profesional. Asimismo, puedes ser autónomo durante un periodo corto de tiempo, mientras dure la ejecución de un proyecto, y a continuación puedes darte de baja. Esto dependerá de tus circunstancias personales y de los recursos económicos que tengas.

Por último, te sugiero una fórmula alternativa que puedes investigar para poder empezar a trabajar como autónomo: las cooperativas. Como puede ser diferente en cada país, me limitaré a decir que, si entras en una cooperativa, podrás cobrar por obra y servicio realizado, con unos costes mucho más ajustados. Te recomiendo que realices una búsqueda de las cooperativas que existen en tu ciudad y que preguntes si puedes formar parte de alguna de ellas para poder empezar a facturar.

2. Empresas: La constitución de una empresa (normalmente una sociedad de responsabilidad limitada) ya es una cuestión más compleja y que desde luego yo no recomendaría a un historiador del arte, al menos al principio de su actividad profesional. Pero, una vez más, eso depende un poco de donde partas. Puede darse la circunstancia de que ya dispongas de un capital inicial que desees invertir y que tengas una idea de negocio brillante. Puede también que quieras conformar una empresa con varios socios y estar mejor cubierto mediante esta forma jurídica. No obstante, veo más conveniente empezar siendo autónomo o pertenecer a una cooperativa. Una sociedad conlleva gastos de asesoramiento adicionales y tendrás que contratarte en la empresa estableciendo un sueldo mensual o darte de alta como autónomo para ejercer tu actividad.

La única ventaja de crear una sociedad limitada (S.L.) es que, si existe algún problema de deudas en la empresa, no tienes que responder con tu patrimonio personal, sino que la deuda contraída estaría a cargo de la propia empresa, que es una entidad al margen de ti como persona. En el caso de los autónomos, tú eres el responsable directo de las deudas y tienes que responder de ellas con tu patrimonio, incluso con tu vivienda, por lo que tienes que tener mucha precaución con estas cuestiones.

Así que, como conclusión, en principio no existen inconvenientes, simplemente que la empresa no es una fórmula que yo consideraría adecuada para un primer proyecto por cuenta propia. Si en el futuro decides llevar a cabo proyectos grandes en los que puedan estar involucrados varios socios, podrías adoptar esta forma jurídica, que, además, seguramente te permitirá ahorrar algo de dinero en impuestos por la aplicación de algunas deducciones.

3. Asociaciones: Las asociaciones culturales son, en mi opinión, las entidades que mejor se ajustan a las necesidades de los recién licenciados en Historia del Arte o de aquellas personas que están comenzando y quieren iniciar una actividad por cuenta propia. ¿Por qué? Porque una asociación no requiere de ningún capital inicial para constituirse, tan solo del pago de unas tasas que suelen ser muy bajas o incluso gratuitas, dependiendo del país o de la provincia donde te encuentres.
Lo único que necesitas es, por una parte, conformar una junta directiva de al menos tres personas que asuman los cargos

de presidente, secretario y tesorero; y, por otra parte, redactar unos estatutos en los que determines cuáles son los fines y objetivos de la asociación. Para redactar estos estatutos puedes recurrir a un asesor especializado, pero en Internet seguramente encontrarás algunas plantillas con las que guiarte. Una vez que tengas una junta directiva y unos estatutos, simplemente presenta los documentos en las oficinas del órgano administrativo competente, ya sea en el Ministerio de Interior —si el ámbito de actuación de la asociación es nacional— o en el gobierno de tu comunidad autónoma o provincia —en el caso de que el ámbito de actuación sea más reducido y solo pretendas actuar en tu región—.

En cualquier caso, es indudable que las asociaciones son un elemento eficaz con el que presentar cualquier proyecto. Por un lado, porque estarás respaldado cuando te dirijas a una institución cultural. No es lo mismo asistir en nombre de José Rodríguez, por decir un nombre, que acudir como presidente de la Asociación Cultural para la defensa de la Memoria Histórica, por poner otro ejemplo cualquiera. Por otro lado, y esto es muy importante, una asociación te permitirá emitir facturas sin necesidad de darte de alta como autónomo e incluso podrás contratarte cuando tengas la suficiente financiación.

¿Cuáles son los inconvenientes? Básicamente que no puedes repartir beneficios. Al contrario de lo que sucede en una empresa, en una asociación todos los beneficios hay que reinvertirlos en otros proyectos culturales o guardarlos para cubrir gastos en el futuro y, además, no podrás percibir un salario por ser miembro de la junta directiva. Sin embargo, sí podrás destinar partidas presupuestarias a proyectos concretos y cobrar por esos trabajos que realices. De todas formas, es conveniente que revises la legislación vigente de tu país y que contrates los servicios de un asesor profesional para evitar cualquier tipo de problemas.

Como colofón, solo quiero añadir que te informes muy bien sobre la cuestión de la creación de una asociación, porque desde luego puede ser una forma muy eficaz de empezar a trabajar como historiador del arte, sobre todo si quieres hacerlo de la mano de otros compañeros que te acompañen en esta aventura.

www.cromacultura.com